Festliche Tischdekorationen

für die Advents- und Weihnachtszeit

Decken • Servietten • Leuchter

Nehmen Sie Platz!

Wir haben Sie erwartet. Wir haben Festtagstische für Sie gedeckt, für Gaumenfreuden gesorgt und mit magischen Lichtern Atmosphäre gezaubert. Wandern Sie durch unsere Weihnachtswelt der Gastlichkeit und lassen Sie sich einstimmen. Riechen Sie ihn auch? Diesen Duft von Orangen, harzigen Zapfen und köstlichen Bratäpfeln? Sehen Sie es auch? Dieses feine Glitzern und heimelige Leuchten? Hören Sie es auch? Das Knacken der Zweige, wenn sich das Wintergrün in der Wohnung aufwärmt? Weihnachten – das Fest der Feste, ein Fest für alle Sinne.

Wir möchten, dass Sie es einatmen, schmecken, fühlen – genießen. Seien Sie unser Gast und lassen Sie sich inspirieren. Fühlen auch Sie dieses wunderbare, erwartungsvolle Prickeln, kurz bevor die Gäste eintreffen. Machen Sie es sich, Ihrer Familie und Ihren Freunden so richtig schön. Dieses Buch soll ein wenig dazu beitragen. Feiern Sie!

Ihre Redaktion

Inhalt

Das Fest der Düfte

Apfelsinen und Zapfen – das süße, schwere Aroma von Harz und Zitrusfrüchten bestimmt diese Tischdekoration in warmem Crème, Orange und Braun und macht Weihnachten zu einem Fest der Sinne. Was passt da besser, als zur Krönung der Tafelfreuden ein duftendes, dunkles Schokoladen-Dessert zu servieren?!

Schokoladen-Törtchen

Sie brauchen:

Für die Böden: 200 g dunkle Kuvertüre, 1 TL Biskin, ein großes Stück Alufolie.

Für die Füllung: 80 g weiße Kuvertüre; 200 ml süße Sahne.

So wird's gemacht:

Die Böden: Wasser in einem kleinen Topf zum Kochen bringen. Eine größere Schüssel bereitstellen, die Kuvertüre kleinschneiden und mit Biskin in die Schüssel geben. Auf das Wasserbad stellen und langsam schmelzen lassen. Geschmolzene Schokolade dünn auf die Alufolie streichen und fest werden lassen (nicht im Kühlschrank). Schokolade mit einem warmen, trockenen Messer in beliebig große Teile schneiden. Vorsichtig ablösen.

Die Füllung: Kuvertüre grob hacken. Sahne und Kuvertüre in einen Topf geben. Unter Rühren einmal aufkochen, dann abkühlen lassen. Über Nacht in den Kühlschrank stellen. Schoko-Sahne-Masse mit den Schneebesen des Handrührgerätes aufschlagen, bis die Masse eine feste Konsistenz hat. In einen Spritzbeutel mit Zackentülle füllen und die Schokoladenböden damit bespritzen. Einen zweiten Boden als Deckel darauf setzen.

◂ *Als Girlande der Genüsse zieht sich das Karoband um den einladenden Tisch. An seinen Eckpunkten wetteifern leuchtende Orangen und Zapfen-Kaskaden um die Aufmerksamkeit der Gäste.*

Warme Farben . . .

Decke mit Schabracken

Sie brauchen:

Für einen 200 x 90 cm großen Tisch etwa 210 cm in sich gestreiften Baumwollstoff in Natur, etwa 300 cm uni Baumwollstoff in Natur – je 150 cm breit; etwa 12 m Karoband in Orange/Grün/Gelb, 4 cm breit; Naturbast und Tannenzapfen.

So wird's gemacht:

Das Zuschneiden: Das Deckenteil 200 x 90 cm aus dem gestreiften Baumwollstoff zuschneiden, die 4 Streifen für den Überhang aus dem uni Baumwollstoff (Maße siehe Schemazeichnung auf Seite 62). Alle Teile mit ringsherum 1 cm Nahtzugabe zuschneiden.

Das Nähen: Je 2 Stoffstreifen für den Überhang passgenau links auf links legen und entlang den Schmal- und einer Längskante zusammensteppen. Nahtzugaben an den Ecken bis kurz vor die Naht schräg abschneiden, wenden und Nahtkanten bügeln. Nahtzugaben an der noch offenen Längskante nach links umbügeln. Am Deckenteil jeweils die Nahtzugabe an den Ecken (siehe schraffierte Fläche in der Detailzeichnung auf Seite 62) ausschneiden. Deckenteil mit den Zugaben in die Überhangteile schieben und schmalkantig feststeppen. Überhangteile an den restlichen Kanten ebenfalls absteppen. Decke auf den Tisch legen und mit Zapfen, Naturbast und Karoband laut Foto dekorieren.

Tipp:

Sollte Ihr Tisch ein anderes Maß haben, so ersetzen Sie die Maße in der Schemazeichnung durch die von Ihnen ermittelten und schneiden die Einzelteile laut Ihren Maßen zu.

▲ *Warmes Orange und Gaben der Natur – in einem genialen Mix aus Schlichtheit und Sinnlichkeit präsentiert sich die aromatische Festtagstafel. Selbst genähte Servietten bekommen den letzten Schliff mit einem Schmuck aus kleinen Zapfen.*

◀ *Eckpfeiler der Dekoration sind Bündel aus Tannenzapfen, die mit Hilfe von Bast und Karoband in schmuckvollen Kaskaden den Blickfang der Naturtafel bilden.*

. . . und alles im Festtagsgewand

▲
Zur Zeit der Feste geht niemand leer aus: Sogar die Stühle bekommen ein neues Kleid von schlichter Eleganz aus einem Baumwollstoff, der erst auf den zweiten Blick sein Mustergeheimnis preisgibt.

Stuhlhusse

Sie brauchen:
Strukturierten Baumwollstoff in Natur (hier mit Karodessin); uni Baumwollstoff in Natur, je 150 cm breit; Seidenpapier. Schema- und Detailzeichnung befinden sich auf Seite 62. Die Größe der Husse richtet sich nach der Sitzfläche. Vor dem Zuschneiden den betreffenden Stuhl ausmessen und die Maße in der Schemazeichnung durch die des jeweiligen Modells ersetzen. Danach ein originalgroßes Schnittteil auf Seidenpapier zeichnen und ausschneiden. Sollte der Stuhl an der vorderen Sitzflächenkante rund sein wie in der Abbildung, so kann das Schnittteil passgenau aufgelegt, die Rundungen also aufgemalt und die Ecken abgeschnitten werden.

Zuschneiden:
- Sitzflächenteil laut Schnittteil aus dem karierten Stoff
- 2 lange Streifen für den Überhang je 11 cm breit (Länge = seitliche Sitzflächenkante bis zur vorderen Mitte) aus uni Stoff
- 1 kurzer Streifen für den Überhang 11 cm breit, Länge = rückw. Sitzflächenkante
- Stoffteile zum Verstürzen der Ausschnitte (hintere Stuhlbeine) 2 mal laut Schemazeichnung
- 4 uni Bindebänder: 2 cm breit, 30 cm lang (fertige Breite 1 cm)

Alle Teile mit ringsherum 1 cm Nahtzugabe zuschneiden.

So wird's gemacht:
Die Längskanten der Bindebänder 1 cm breit nach links umbügeln. Bänder links auf links der Länge nach zur Hälfte bügeln und beidseitig schmalkantig absteppen. Stoffteile zum Verstürzen der Ausschnitte rechts auf rechts passgenau auf die Ausschnitte legen und feststeppen. Dabei die Bindebänder mit einer Schmalkante zwischenfassen. Stoffteile nach links umlegen und verstürzte Kante schmalkantig absteppen. Nahtzugaben der Stoffstreifen (Überhang) versäubern und jeweils entlang den Schmal- und einer Längskante 1 cm breit säumen. Die Stoffstreifen mit der noch offenen Kante rechts auf rechts entlang den entsprechenden Sitzflächenkanten feststeppen. Die Streifen nach unten umbügeln und die Ansatznähte schmalkantig absteppen.

Das Feen-Fest

Stoffe voll lichter Transparenz und Farben voller Poesie – an einem Tisch wie diesem bekommt Weihnachten eine märchenhafte Dimension! Wer seine Gäste auch kulinarisch ins Reich der königlichen Genüsse entführen möchte, serviert zarte Tartelettes.

Tartelettes mit Zitronencrème (Foto auf Seite 16)

Sie brauchen:

Für den Mürbteig: 250 g Mehl; 125 g Butter; 60 g Zucker; 1 Prise Meersalz; 1 Ei; 2 EL kaltes Wasser.

Für die Füllung: 100 g Butter, 4 Eier, 120 g Zucker, Schale und Saft von 2 unbehandelten Zitronen.

So wird's gemacht:

Die Teigzutaten in eine Rührschüssel geben und mit den Knethaken des Handrührgerätes zu einem geschmeidigen Teig verarbeiten. Zugedeckt 30 Min. kaltstellen. Verschieden große Tartelette-Formen ausfetten, ersatzweise ein Blech mit 28 cm Durchmesser. Mürbteig ausrollen, Formen damit auskleiden, Teig entlang des oberen Randes abschneiden. Boden mit der Gabel einstechen. Mit Pergamentpapier auslegen. Mit Hülsenfrüchten (Erbsen, Bohnen, Linsen) auffüllen und den Boden 10 Min. bei 180 Grad backen. Abkühlen lassen. Hülsenfrüchte mit Pergamentpapier herausheben.

Für die Füllung mit den Schneebesen des Handrührgerätes Zitronenschale und Butter schaumig rühren. Zucker und Eier nach und nach einrühren. Zitronensaft unter Rühren einlaufen lassen. Diese Crème im Wasserbad erwärmen, bis eine dicke Masse entsteht. Vorsichtig auf den Mürbteig gießen. Im vorgeheizten Ofen bei 180 Grad 20 bis 30 Min. goldgelb fertig backen, bis sich leicht braune Stellen bilden.

◂ *Pastell in allen Spielarten und zauberhafte Akzente in Gold, die Verwandlung der Stühle in einen Festtags-Thron und das sanfte Licht der Kerzen – eine Einladung an diese Tafel kommt einer Eintrittskarte ins Land der Elfen gleich!*

Zartes in Pastell . . .

Stuhlhusse in Apricot

Sie brauchen:
Melange-Leinen in Apricot; passendes Nähgarn; Stoffmalfarbe in Gold; Schablonierpinsel; Transparentpapier; Fotokarton; spitze Schere; etwa 2 m apricotfarbenes Chiffonband.

So wird's gemacht:
Für die Husse ein Stück Leinen mit 2,30 m Länge und 36 cm Breite (plus ringsherum 2 cm Nahtzugabe) zuschneiden. Für die Sitzflächen-Bahn ein Stück von 1,35 m Länge und 40 cm Breite (plus ringsherum 2 cm Nahtzugabe) zuschneiden. Beide Bahnen säumen – je 1 cm Ein- und Umschlag. Beim Säumen der längeren Bahn auf den Längsseiten 88 cm von der einen Schmalseite und 50 cm von der anderen Schmalseite entfernt zu beiden Seiten jeweils ein Stück Chiffonband (etwa 50 cm lang) mitfassen. Die Schemazeichnung der Krone (siehe Seite 62) mit Transparentpapier abnehmen und auf Fotokarton übertragen. Die Krone herausschneiden und in Höhe der Stuhllehne mittig mit dem Schablonierpinsel aufmalen. Trocknen lassen. Diese Bahn über Lehne und Sitz legen, mit den Chiffonbändern Schleifen binden. Im rechten Winkel dazu die andere Bahn über die Sitzfläche legen.

▲
Weihnachten – Zeit der Wunder und kleinen und großen Überraschungen: Wen erstaunt's da, wenn jetzt aus einem einfachen Stuhl ein Feen-Thron wird?! Menschen ohne Poesie würden sagen: Na ja – man nehme einfach zwei Bahnen aus feinem Leinen . . .

Variable Tischdecke aus Leinen-Bahnen

Sie brauchen:
Melange-Leinen in Apricot, Zart- und Hellgelb; Goldknöpfe; dünne Viskoseschnur oder Soutacheband in Apricot.

So wird's gemacht:
Fünf Bahnen (1 in Zartgelb, 2 in Hellgelb, 2 in Apricot) mit 40 cm Breite und 147 cm Länge (plus ringsherum je 2 cm für den Saum) zuschneiden. Alle Bahnen säumen – mit je 1 cm Ein- und Umschlag.

Die Längsseiten der Bahnen jeweils an einer Seite mit Knöpfen, an der anderen Seite mit Schlaufen aus Viskoseschnur versehen. Der Abstand: Die erste Schlaufe beziehungsweise der erste Knopf ist von den Schmalkanten jeweils 23 cm entfernt. Der Abstand zum nächsten Knopf beträgt je 20 cm. An den Seiten der Schmalkanten (siehe auch Foto) je eine Krone in Gold aufschablonieren. Wie's geht, steht unter „Stuhlhusse in Apricot" oben links.

. . . und Süßes aus Zuckerguss

Lebkuchen

Sie brauchen:
Für die Lebkuchen: 200 g Zuckerrübensirup; 140 g Rohrzucker; 40 g Butter; 450 g Weizenmehl Type 1050; 1 TL Natron; 1/2 TL Zimt; 1/2 TL Kakao; 1/2 TL Salz; 2 Prisen Nelkenpulver; 2 Eiweiß und 2 EL Milch.
Für den Guss: 2 Eiweiß; 250 g gesiebten Puderzucker; eventuell einige Tropfen Zitronensaft; Lebensmittelfarben.

So wird's gemacht:
Lebkuchen: Zuckerrübensirup, Zucker und Butter erwärmen, bis sich der Zucker aufgelöst hat. Mehl, Natron, Kakao und Gewürze in einer großen Schüssel mischen. Sirupmasse, Eiweiß und Milch zum Mehl geben und zu einem glatten Teig verkneten. 12 Stunden im Kühlschrank zugedeckt stehen lassen. Nochmals durchkneten und auf Mehl 0,5 cm dick ausrollen. Nach Belieben Spazierstöcke oder Kronen (Musterzeichnung hierfür auf Seite 63) ausstechen oder -schneiden. Die Formen auf ein mit Backpapier ausgelegtes Blech legen und im vorgeheizten Backofen bei 175 Grad 15 bis 20 Min. hellgelb backen. Die Lebkuchen auf einem Gitter auskühlen lassen.
Guss: Eiweiß nur leicht anschlagen. Puderzucker unterrühren. Zum Verdünnen einige Tropfen Zitronensaft dazugeben. Nach Belieben mit Lebensmittelfarbe einfärben.

▲
Ilex, dem König der grünen Weihnachts-Sträucher die Krone aufsetzen: Reichsinsignien aus Lebkuchen verschaffen dem Bäumchen die Eintrittskarte zum Feen-Fest.

Ilex-Bäumchen mit Lebkuchen

Sie brauchen:
Ein Ilex-Stämmchen; 1 Grundrezept Lebkuchenteig (siehe oben); Eistüten mit Zuckerguss; Dekokette, 3 mm stark; Alleskleber; Kerzenhalter zum Anklemmen; goldfarbene Kerzen; Goldkordel; farbiges Seidenpapier.

So wird's gemacht:
Den Lebkuchenteig zubereiten und daraus Spazierstöcke und Kronen nach der Musterzeichnung von Seite 62 schneiden.

Die Figuren laut Foto oben mit Zuckerguss verzieren. Als Aufhänger jeweils ein Stück Dekokette hinter die Figur kleben. Auch die Eistüten damit versehen. Die goldfarbenen Christbaum-Kerzen mit Klemmhaltern gleichmäßig auf dem Ilex-Stämmchen verteilen. Dazwischen Lebkuchen und Eistüten aufhängen. Zuletzt den Topf mit Seidenpapier verkleiden. Eine Goldkordel drumherumschlingen und zur Schleife binden.

Feines Leinen . . .

Tellerdeko mit Besteck-Utensilo

Sie brauchen:
Melange-Leinen in Zartgrün, Apricot und Bleu; passendes Nähgarn; 1,80 m cremefarbene Viskosekordel.

So wird's gemacht:
In Apricot ein Stück à 34 x 45 cm, in Zartgrün ein Stück à 23 x 45 cm und in Bleu ein Stück à 70 x 45 cm zuschneiden. Alle Teile mit ringsherum 1 cm Nahtzugabe (siehe Schemazeichnungen für die Farbverteilung auf Seite 62). Das blaue Schnittteil – rechte Stoffseite innen – zur Hälfte legen und aufeinandersteppen. Dabei an einer Längsseite beide Ecken diagonal 3 cm tief abnähen (siehe Schema). Eine Öffnung zum Wenden lassen. Wenden. Nähte ausbügeln. Öffnung von Hand zunähen. Die Nahtzugaben des grünen Schnittteils nach links bügeln und das Teil knappkantig auf die untere Hälfte des blauen Sets steppen. Dieses Teil dient als Verstärkung und liegt auf der Rückseite der geöffneten Tasche. Das Schema ganz links auf Seite 62 zeigt diese Rückansicht. Das ganze Teil umdrehen. Das apricotfarbene Schnittteil längs zur Hälfte legen – rechte Stoffseite innen – und aufeinandersteppen. Eine kleine Öffnung zum Wenden lassen. Wenden, Nähte ausbügeln. Öffnung von Hand schließen. Dieses Teil an beiden Seiten sowie an der unteren Kante knappkantig auf die untere Hälfte der anderen Seite des blauen Sets steppen. Das zweite Schema auf Seite 62 (rechts) zeigt die Innenansicht der Tasche mit dem oben liegenden apricotfarbenen Stoff. Mit sechs Stepplinien die sieben Bestecktaschen abteilen – in gleichmäßigen Abständen parallel zur Seitennaht. Zuletzt die Kordel zur Hälfte legen und in der Bruchstelle mit Handstichen auf die Rückseite des Utensilos an die Kante einer der beiden Schmalseiten nähen.

▲
Utensilo mit Deko-Wert: Die Bestecktasche bezaubert mit ihrem Zusammenspiel der zarten Zwischentöne und weist mit der Anordnung von Messer, Gabel & Co durchs Weihnachtsmenü.

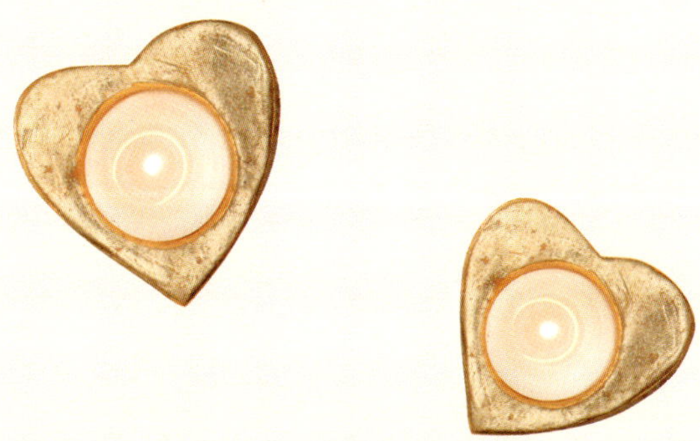

. . . und zierliches Dekor

Leinen-Sets mit Perlen

Sie brauchen:
Melange-Leinen in Zartgrün und Bleu; passendes Nähgarn; Indianerperlen in Gold; Kopierstift.

So wird's gemacht:
Zartgrünes Set mit senkrechten Biesenpartien:
Für die Set-Vorderseite ein Rechteck à 44,5 x 31 cm plus rundherum 1 cm Nahtzugabe zuschneiden, für die Rückseite ein Rechteck à 42 x 31 cm plus rundherum 1 cm Nahtzugabe. Auf dem Vorderteil an beiden Schmalseiten jeweils zwölf Biesen im Abstand von je 1 cm parallel zur Kante abnähen. Eventuell mit Kopierstift und Lineal vorzeichnen. Die Biesen werden 1 mm breit gesteppt. Beide Biesenpartien nach außen bügeln. Beide Set-Teile – rechte Stoffseiten innen – aufeinander legen und mit einer Nahtzugabe von 1cm aufeinander steppen. Dabei eine Öffnung zum Wenden lassen. Nähte ausbügeln.
Öffnung von Hand zunähen. Die Schmalseiten im Abstand von jeweils einem Zentimeter mit goldfarbenen Perlen besticken.
Hellblaues Set mit verkreuzten Biesenpartien:
Die Set-Rückseite wie unter „zartgrünes Set . . ." beschrieben zuschneiden. Für das Mittelstück der Vorderseite ein Rechteck à 31 x 23 cm plus rundherum 1 cm Nahtzugabe, für die Biesenpartien rechts und links davon zwei Rechtecke à 15 x 37 cm zuschneiden. Darauf ein Diagonal-Karomuster mit 2 x 2 cm großen Karos mit Lineal und Kopierstift aufzeichnen. Erst alle Biesen in einer Richtung 1 mm breit abnähen, dann die Biesen im rechten Winkel dazu nähen. Teile bügeln und neu auf die Maße 31 x 9 cm zuschneiden (plus rundherum 1 cm Nahtzugabe). Biesenteile – rechte Stoffseiten innen – auf das Mittelstück legen und mit einer Nahtzugabe von 1 cm aufeinander steppen. Nähte auseinander bügeln. Vorder- und Rückteil des Sets wie unter „zartgrünes Set . . ." beschrieben zusammensteppen. Zum Schluss auf die Biesenpartien jeweils über vier Reihen am oberen und unteren Rand des Sets auf die Schnittstellen der Biesen je eine goldfarbene Indianerperle von Hand aufnähen. Für das Nähen der Biesen sollten Sie genügend Zeit einplanen und Geduld dafür mitbringen. Dann erst gelingen Ihnen Ihre Sets perfekt – und Sie haben die richtige Freude daran.

▲
Zartes Lindgrün und lichtes Himmelblau – die Sets mit Liebe zum gesteppten Detail decken mit Leichtigkeit und einer spielerischen Note den Tisch für das Fest der Feste.

Tafel-Krönungen

Etagere mit gezuckerten Früchten

Sie brauchen:
Birnen, Trauben, Ananas, Kumquats und Bananen; eine Glasetagere; feinkörnigen Zucker; Eiweiß; Backpinsel; Pergamentpapier.

So wird's gemacht:
Das Eiweiß leicht schlagen und die Früchte damit bestreichen. Gleichmäßig mit Zucker bestreuen und den überschüssigen Zucker abschütteln. Auf Pergamentpapier ein bis drei Stunden an einem warmen Ort trocknen. Auf der Etagere arrangieren. Tipp: Auch Blätter und Blüten vieler Pflanzen, zum Beispiel die von Duftpelargonien, lassen sich auf diese Weise kurze Zeit frisch erhalten.

Grand Marnier-Eisstern

Sie brauchen:
4 Eigelb; 100 g Zucker; 1/4 l Milch; das Mark einer Vanilleschote; 400 ml Sahne; 100 ml Grand Marnier.

So wird's gemacht:
Die Milch mit dem ausgekratzten Vanillemark und der Schote zum Kochen bringen. Eigelb und Zucker verrühren. Die heiße Vanillemilch unter Rühren langsam zu der Eimasse geben. Die Schüssel auf einen Topf mit kochendem Wasser stellen. Die

Eimilch so lange rühren, bis eine cremig-dickliche Masse entsteht. Vorsicht – die Masse nicht zum Kochen bringen, sonst gerinnt sie. Eimasse kalt rühren und im Kühlschrank gut durchkühlen lassen. Sahne steif schlagen. Eine Form von 1,5 l Fassungsvermögen mit Wasser ausspülen. Eimasse mit den Schneebesen des Handrührgerätes nochmals aufschlagen. Sahne unterheben, dann nach und nach Grand Marnier unterziehen. Die Masse in die Form füllen und mindestens acht Stunden gefrieren lassen.

▲
Ehre, wem Ehre gebührt: Das Tartelette wird zu Recht mit Krönchen auf Tellerrand und Füllung zur Krönung der Gaumenfreuden hochstilisiert. Die zarte Crème aus Zitronen und Butter ist daran nicht ganz unbeteiligt . . .

(Rezept auf Seite 11)

Ein zuckersüßer Deko-Traum: Fremde und hiesige Früchtchen machen es sich auf der Etagere bequem, nachdem sie mit einem Gewand aus Zucker und Eiweiß neu eingekleidet wurden. ▶

Das Fest der Eiskristalle

Weiß wie Schnee und eisblau wie der Himmel an einem sonnig-klaren Dezembertag: Für das Ambiente in Blau, Weiß und Silber stand der Zauber der Winterwelt Pate. An den nördlich inspirierten Tisch wird der Süden in Form eines köstlichen „Dolce" eingeladen.

Zabaione

Sie brauchen:
4 Eigelb; 120 g Zucker; 200 ml trockenen Weißwein;
1 TL Bourbon-Vanille; 1 Messerspitze Speisestärke.

So wird's gemacht:
Die Schaumcrème wird auf dem heißen Wasserbad zubereitet: Zunächst Eigelb und Zucker mit einem Schneebesen schön cremig rühren. Vanille und Speisestärke dazugeben. Dann den Wein unterrühren und die Crème so lange rühren, bis sich die Menge verdoppelt hat. Dann sofort in Dessertgläsern servieren.

◂ *Wie von Väterchen Frost persönlich aufgemalt – die schablonierten Eiskristalle tischen die romantische Seite des Winters auf. Als wären sie gerade vom Himmel gefallen, zieren kleine aufgestickte Silbersternchen den Rand der Decke. Auf den kühlen Charme der Dekoration stößt man am besten mit eisgekühltem Champagner an!*

Kristallklar . . .

Tischdecke mit Eiskristallen

Sie brauchen:
Für eine Deckengröße von 160 x 160 cm etwa 1,30 m weißen Musselin (zarter, semi-transparenter Baumwollstoff), 142 cm breit; etwa 3,40 m hellblauen Baumwollstoff, 122 cm breit; Stoffmalfarbe in Deckweiß; je einen schmalen und breiten Borstenpinsel; dünnen Karton für die Schablone; einen kleinen Schwamm; Cutter; spitze Sticknadel; Sticktwist in Hellblau; Metallic-Stickgarn in Silber.

So wird's gemacht:
Zuschneiden: Das Deckenteil à 20 x 120 cm aus dem weißen Musselin, 8 Umrandungsstreifen laut den Maßen an der Schemazeichnung auf Seite 63 aus dem blauen Baumwollstoff (für die vordere und rückwärtige Umrandung) zuschneiden. Alle Teile mit ringsherum 1 cm Nahtzugabe zuschneiden.
Nähen: Je 4 Umrandungsstreifen entlang den Schrägseiten bis zum Querzeichen zusammensteppen und die Nahtzugaben auseinander bügeln.
Schablonieren: Die Musterzeichnung für den Eiskristall (siehe Seite 21) auf Karton übertragen und exakt mit dem Cutter herausschneiden. Das ist Ihre Schablone. Die Kristalle nun beliebig auf der Decke verteilen. Dafür den Schwamm leicht in die Farbe tauchen, Schablone auflegen und den Kristall aufschablonieren. Für die Streifen auf der vorderen Umrandung die weiße Farbe mit etwas Wasser verdünnen. Rundherum abwechselnd breite und schmale Streifen in gleichmäßigen Abständen aufpinseln. Nach dem Trocknen Sterne und Streifen laut Packungsaufschrift der Farbe durch Bügeln fixieren.
Nähen: Die vordere Umrandung entlang den Innenkanten rechts auf rechts an das Deckenteil steppen und die Nahtzugaben nach außen bügeln. Die rückwärtige Umrandung rechts auf rechts entlang den Außenkanten an die vordere Umrandung steppen. Nahtzugaben an den Ecken bis kurz vor die Naht schräg abschneiden. Die rückwärtige Umrandung nach links umlegen, Nahtzugaben nach links umbügeln und von rechts schmalkantig entlang der Ansatznaht feststeppen.

▲
Als hätte Väterchen Frost sie gerade entstehen lassen, so naturgetreu wachsen bizarre Eiskristalle mit Farbe und Sticktwist auf dem durchscheinenden Tischtuch.

Sticken: Die Kristalle auf dem Deckenteil mit 3-fädigem Sticktwist und abwechselnd mit Metallic-Stickgarn mit Stielstich umsticken. Die kleinen Sterne auf der Umrandung mit Metallic-Stickgarn mit Sternstich aufsticken (siehe hierzu auch die Stickschule auf den Seiten 60 und 61).

Tipp:
Wer sich für einen blickdicht gewebten Baumwollstoff entscheidet, sollte die Kristalle in Hellblau aufmalen. Dann kommen sie besser zur Geltung. Der Vorteil eines dichteren Gewebes: Es lässt sich einfacher bemalen und besticken.

. . . und herzallerliebst

Stuhl-Deko

Sie brauchen:
Buchs- und Lavendelzweige; Wickel- und Blumenbindedraht; blaukariertes Band mit Glitzereffekt; einen silbernen Baumanhänger in Herzform.

So wird's gemacht:
Aus Wickeldraht einen ovalen Ring – etwa 20 x 15 cm groß – formen. Buchs- und Lavendelzweige dachziegelartig mit Blumenbindedraht auf den Drahtring binden. Das Herz am Kränzchen befestigen und mit dem Karoband am Stuhl festbinden (siehe auch Foto auf Seite 19).

▲
Bringt Herzenswärme in die kühle Eleganz von Blau und Silber: das Kränzchen aus Buchs und Lavendel mit seinem Herzstück, einem Baumanhänger in Silber. Was hier den Stuhlrücken ziert, kann natürlich auch als Schmuckstück an der Wohnungstür willkommen heißen.

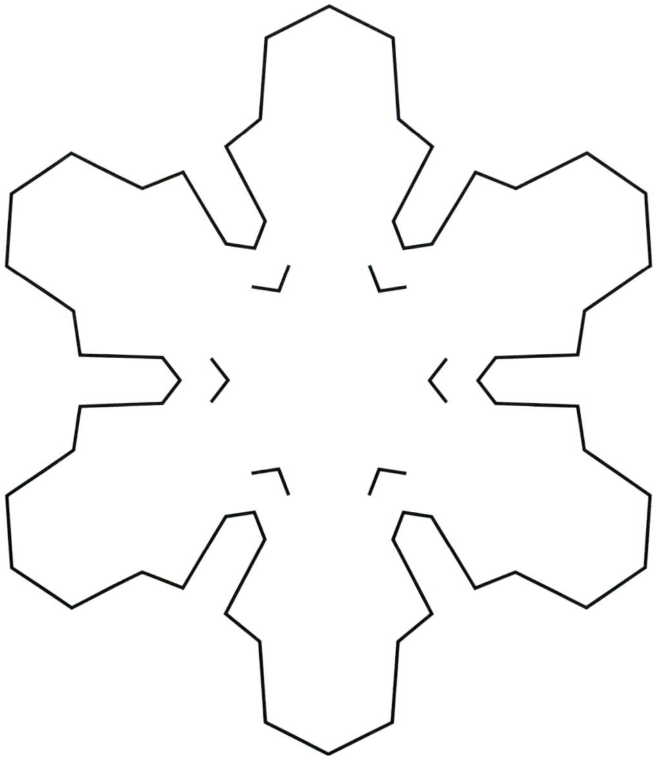

Hellblaue Servietten

Sie brauchen:
Für vier Servietten à 40 x 40 cm etwa 0,90 m hellblauen Baumwollstoff, 122 cm breit; pro Serviette eine kleine Quaste in Silber.

So wird's gemacht:
Pro Serviette ein Stück à 44 x 44 cm (inklusive einer Nahtzugabe von je 1 cm an allen Kanten) zuschneiden. Die Servietten ringsherum mit je 1 cm Ein- und Umschlag säumen. An eine Ecke die Quaste nähen.

Üppig barock oder geradlinig-pur

Sterne aus Japanpapier

Sie brauchen:
Hellblaues Japanseidenpapier; Zackenschere; kleine Quasten aus Goldgarn; Nähgarn in Hellblau und Silber sowie Kopierpapier.

So wird's gemacht:
Die im Durchmesser 9 und 6 cm großen Sterne (Musterzeichnungen auf Seite 63) mit Hilfe von Kopierpapier beliebig oft auf die Japanseide zeichnen. Jeden Stern grob mit einigen Zentimetern rundherum ausschneiden und jeweils mit Zickzackstich absteppen (Oberfaden in Silber, Unterfaden in Hellblau). Dafür eine 80er Nadel verwenden und die Oberfadenspannung locker einstellen. Mit der Zackenschere entlang der Konturen ausschneiden.

▲ *Teller, Serviette, Besteck – ein Arrangement, das mit seinem gekonnt schlichten Zusammenspiel der Hauptakteure eine Plattform für kleine Statisten bietet. Die behaupten ihren Platz in Form von Namenssternchen aus Japanpapier.*

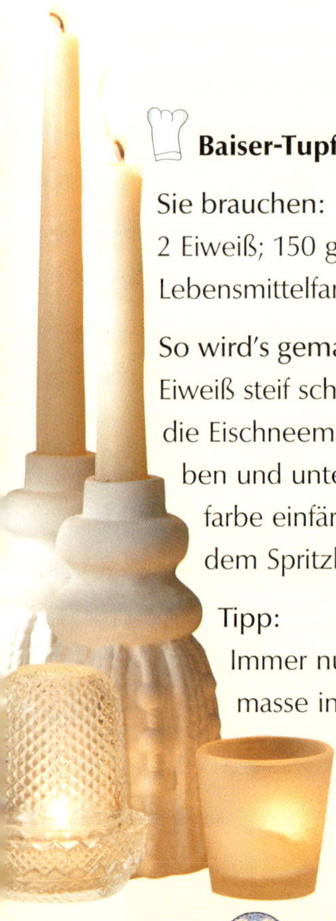

Baiser-Tupfen

Sie brauchen:
2 Eiweiß; 150 g Zucker; 1 gestrichenen TL Speisestärke; Lebensmittelfarbe nach Belieben; Backpapier.

So wird's gemacht:
Eiweiß steif schlagen, Zucker dazugeben und so lange rühren, bis die Eischneemasse dick und glänzend ist. Speisestärke dazusieben und unterrühren. Mit zwei bis drei Tropfen Lebensmittelfarbe einfärben. Ein Blech mit Backpapier auslegen und mit dem Spritzbeutel mit Zackentülle kleine Tupfer darauf setzen.

Tipp:
Immer nur eine Farbe anrühren, sonst fällt die Eischneemasse in sich zusammen. Die Zutaten füllen etwa ein großes Backblech mit Baisers.

Ein Rausch in Weiß und Crème: Jacquardbänder und Gips-Elemente, Federschmuck und nostalgische Christbaumkugeln – voilà, die Zutaten zu einer verspielt-verschwenderischen Tellerdekoration. ▶

Sinfonie in Crème und Weiß

Stern, Mond und Herz

Sie brauchen:
Pro Anhänger 20 x 30 cm Leinen; entsprechend weißes Paspelband; weißen Sticktwist; je 1 Quaste; Füllwatte; passendes Nähgarn; Transparent- und Kopierpapier; Sticknadel mit Spitze.

So wird's gemacht:
Den Stoff jeweils zur Hälfte legen und durchschneiden. Das jeweilige Motiv (Musterzeichnungen siehe Seite 63) mit Transparentpapier abnehmen und mit Kopierpapier auf das Vorderteil übertragen. Die Linien mit Stielstichen nachsticken (siehe dazu auch Stickschule auf den Seite 60 und 61). Vorderes und rückwärtiges Teil rechts auf rechts legen und laut Vorlage mit 1 cm Nahtzugabe ausschneiden, Teile zusammensteppen, dabei das Paspelband gleich mitfassen und oben eine kleine Öffnung lassen. Teile wenden, mit Füllwatte auspolstern. Aus Paspelband je eine kleine Schlaufe steppen, oben einlegen und Restnaht per Hand schließen. Die Quasten wie im Foto gezeigt annähen.

▲
Romantischer und liebevoller kann Baumschmuck kaum sein: Herz, Mond und Stern werden genäht, paspeliert und bestickt. Das Ergebnis: Unikate, die als Geschenkanhänger oder Advents-Dekoration alle Ehre machen.

Adventszeit – Zeit für Tische, sich fein zu machen. Zum Beispiel mit dem edlen Tafeltuch in Crème und Weiß, das seinen prächtigen Auftritt mit einem romantischen Stickereimotiv unterstreicht. ▶

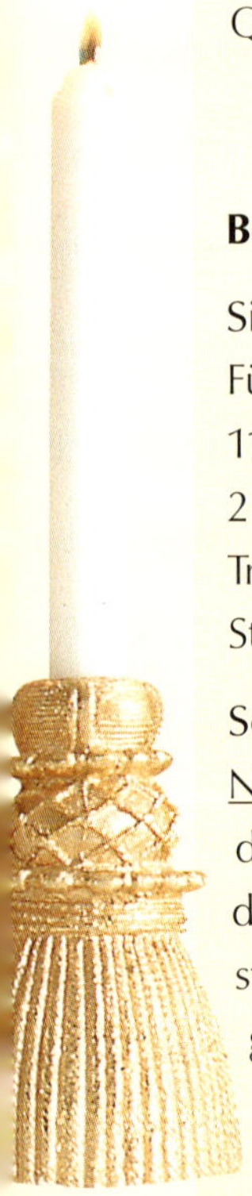

Bestickte Tischdecke

Sie brauchen:
Für eine Decke mit einer Fertiggröße von 115 x 115 cm etwa 117 x 117 cm Leinen in Natur und 50 x 117 cm Leinen in Weiß; 2 Stränge weißen Sticktwist hochweiß; Fertigquasten in Weiß; Transparentpapier; Bleistift; Kopierpapier; passendes Nähgarn; Sticknadel mit Spitze.

So wird's gemacht:
Nähen: Aus dem weißen Leinen 4 Streifen à 12 x 117 cm zuschneiden. Die Längskanten der Streifen beidseitig 1,5 cm umbügeln, dann die Streifen für die Ecken rechts auf rechts schräg zusammensteppen. Die Nähte bis auf etwa 1 cm zurückschneiden und ausbügeln. An der Decke die Kanten 1,5 cm nach vorn umbügeln. Nun den „Rahmen" entlang der Außen- und Innenkante knappkantig aufsteppen und in den Ecknähten durchsteppen.
Sticken: Das Motiv (siehe Musterzeichnung auf Seite 63) gegengleich ergänzen und mit etwa 9 cm Abstand zum Randstreifen mit Hilfe des Kopierpapiers in die Ecken übertragen. Die Konturen mit Kettenstich in Weiß und ganzfädigem Sticktwist nachsticken. Nach Belieben Quasten an die Ecken nähen.

H SUCHARD

Schabloniertes in Gold . . .

Kissenbezug mit Chasuble

Sie brauchen:

Für den Kissenbezug 38 x 38 cm: Leinenmischgewebe in Weiß à 40 x 82 cm sowie einen etwa 20 cm langen, weißen Reißverschluss.

Für das bemalte Chasuble: Aus dem Leinenmischgewebe in Natur ein Stück à 50 x 80 cm und 2 Streifen à 7 x 82 cm für die Schleifen; etwa 170 cm weißes Schmuckband mit Goldmuster, 4,5 cm Breite; Stoffmalfarbe in Weiß und Gold; Transparent- und Kopierpapier zum Übertragen des Motivs; etwa 20 x 20 cm feste Pappe für eine Schablone; Bleistift; Cutter.

So wird's gemacht:

Für den Kissenbezug die Stoffkanten mit Zickzackstichen vor dem Ausfransen sichern. Reißverschluss mittig zwischen die Schmalkanten steppen, die Nähte zu beiden Seiten schließen. Die Seitennähte rechts auf rechts mit 1 cm Nahtzugabe so zusammensteppen, dass der Reißverschluss in der rückwärtigen Mitte liegt.

Für das Chasuble das etwa 15 x 11 cm große Motiv (siehe rechts) mit Transparentpapier abnehmen und mit Kopierpapier auf die Pappe übertragen. Die Innenflächen herausschneiden. Stoffstreifen zur Hälfte legen und die Mitte markieren. Schablone mittig auflegen und das Motiv übertragen. Zunächst die Innenflächen mit Weiß grundieren, dann die Goldfarbe auftupfen und gut trocknen lassen. Nun beide Längskanten je 1 cm ein- und umgeschlagen nach links bügeln und das Schmuckband jeweils im Abstand von 1,5 cm zum Rand knappkantig aufsteppen. Schmalkanten rechts auf rechts mit 1,5 cm Nahtzugabe aufeinander nähen. Zum Versäubern die Saumkanten einschlagen und nochmals von rechts absteppen. Für die Schleifen die Bänder der Länge nach rechts auf rechts mit 0,5 cm Nahtzugabe zusammensteppen, Bänder jeweils in der Mitte durchschneiden und wenden. Längskanten knappkantig absteppen und nach Belieben Schmalkanten schließen. Jeweils zwei Schleifenbänder zu beiden Seiten des Chasubles annähen.

▲ *Zum Draufsitzen beinahe zu schade: Die schablonierten Lilien sind Dessin-Klassiker, die dem Kissen mit Doppelbezug das gewisse Etwas verleihen.*

Die Lilie auf das Doppelte vergrößern. ▼

Eleganz in Crème und Weiß

Dekorative Sets

Sie brauchen:
Für das Set mit Lilien-Stickerei: Feinleinen oder Leinenmischgewebe in Sand, pro Set 48 x 60 cm; 1 Strang Sticktwist in Weiß; 4 weiße Fertigquasten; Kopierpapier.
Für das Set mit Goldperlenkanten: Feinleinen oder Leinenmischgewebe in Weiß, pro Set 48 x 60 cm; Goldperlen, 6 mm Durchmesser.
Für das Set mit Schmuckband: Feinleinen oder Leinenmischgewebe in Crème, pro Set 48 x 60 cm; Schmuckband, etwa 6,5 cm breit.

So wird's gemacht:
Set mit Lilien-Stickerei: Die Stoffkanten mit Zickzackstichen vor dem Ausfransen sichern, dann 5 cm breit umbügeln, die Ecken zu Tüten legen und absteppen, dabei die Nahtzugabe knapp zurückschneiden. Den Saum mit weißem Nähgarn und dicht eingestelltem Zickzackstich aufsteppen. Das Motiv (siehe Musterzeichnung auf Seite 26) in eine Ecke – Abstand siehe Foto rechts – mit Hilfe des Kopierpapiers übertragen und die Konturen mit Kettenstichen und ganzfädigem Sticktwist nachsticken. An alle Set-Ecken Quasten nähen.
Set mit Goldperlenkanten: Einen 4,5 cm breiten Saum mit 1 cm Einschlag arbeiten. Die Goldperlen gleichmäßig entlang den Kanten annähen.
Set mit Schmuckband: Die Stoffkanten mit Zickzackstichen vor dem Ausfransen sichern und für den Saum 4 cm nach links umbügeln, die Ecken zu Tüten legen und absteppen, dabei überschüssigen Stoff abschneiden. Das Schmuckband im Abstand von etwa 3,5 cm zu den Kanten knappkantig an beiden Seiten aufsteppen. Dabei die Ecken zu Tüten legen und absteppen.

▲
Für jeden ein anderes oder doch lieber alle gleich? Die festlichen Sets in sanften Farbharmonien eignen sich sowohl für das eine als auch für das andere.

Arrangements mit Immergrün

Gesteck mit Kugeln

Sie brauchen:
Eine Vase; verschiedenes Grün, wie zum Beispiel von Koniferen, Efeu und Wacholder; eine kleine Lorbeerpflanze; Kugelkerzen, Christbaumkugeln, beides in Silber; Blumenstieldraht; Steckziegel; Engelshaar in Gold; 1 Deko-Engel mit Goldkordel (Herstelleradresse auf Seite 64).

So wird's gemacht:
Den Steckziegel in die Vase stecken. Er sollte gut festklemmen und die Vase etwa bis zur halben Höhe ausfüllen. Die Lorbeerpflanze mit Topf in die Vasenmitte stellen und die restlichen Steckziegel ringsherum einklemmen. Zweige (siehe Foto) in die Vase stecken. Kugeln, Kerzen und Deko-Engel andrahten und ebenfalls in die Steckmasse stecken. Das Ganze mit Engelshaar dekorieren.

▲
Kein Tisch ohne Blumenschmuck. In Herbst und Winter übernimmt Immergrün aus Feld und Flur diese Rolle und bildet mit Kugeln und Kerzen bildschöne Mittelpunkte.

Gesteck mit Engelshaar

Sie brauchen:
1 Türbogen aus Dekosteckmasse in beliebiger Länge; Blumendraht und Blumenstieldraht; Engelshaar in Gold; verschiedene Koniferen- und andere Immergrün-Zweige; 4 weiße Stumpenkerzen; einen Rest Silberfarbe; silberne Christbaumkugeln; 1 Orangenquaste, fertig dekoriert (Herstelleradresse auf Seite 64).

So wird's gemacht:
Zweige laut Foto in den Türbogen stecken. Kugeln und Engelshaar dekorieren. In die Kerzenböden Draht stecken, die Kerzen in gleichmäßigen Abständen zueinander in dem Bogen befestigen. Zum Schluss die Orangenquaste anhängen.

Variationen in Grün auf der Form eines Türbogens. Hier mit Engelshaar und vier dicken Kerzen zum Prachtbeispiel für Advents-Floristik ausgeschmückt. ▶

Kunstvolle Kreationen aus weißem Leinen

Hohe Schule der Servietten-Kunst

Französische Lilie:

1. Die Serviette zur Hälfte falten.

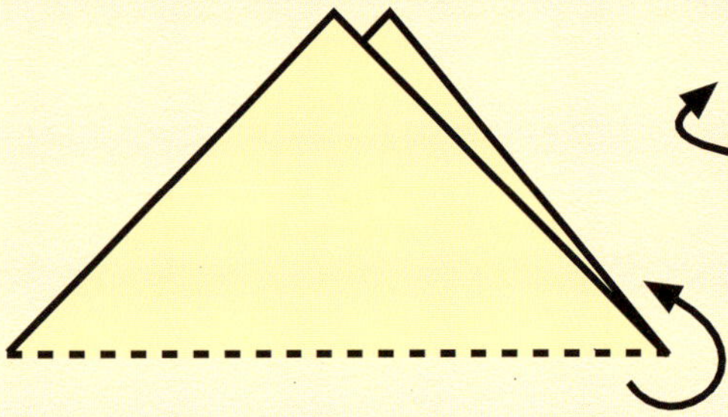

2. Seitliche Ecken nach oben zur Spitze legen.

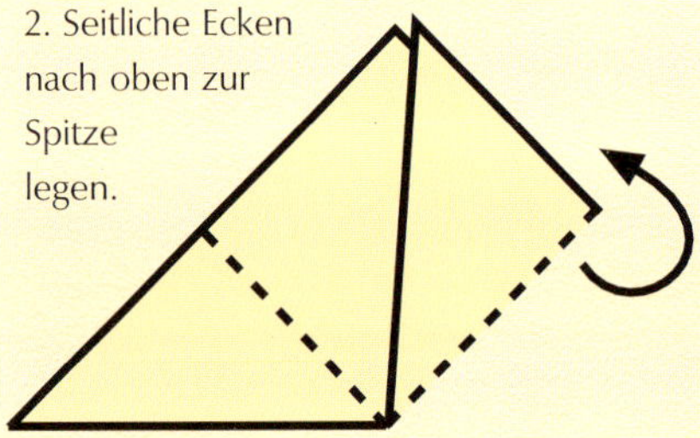

3. Untere Spitze zweimal nach oben einschlagen.

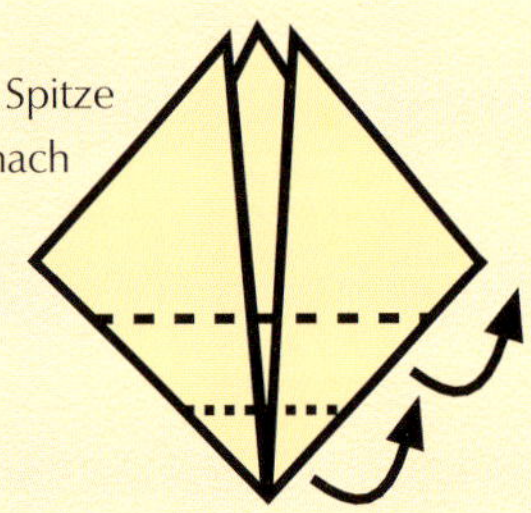

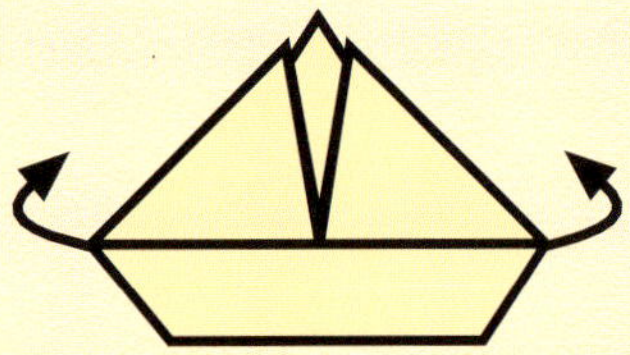

4. Seitliche Ecken nach hinten zum Rund legen und ineinander stecken, beziehungsweise schieben.

5. Die vorderen oberen Ecken nach unten in den Bund schieben.

6. Voilà – die fertig gefaltete Serviette!

▲
Geschickt gefaltet avanciert eine schlichte, weiße Serviette zum Tafel-Star – hier als Französische Lilie. Übrigens: Dekorativ Gefaltetes hält am besten in einer gut gestärkten Serviette.

Ein Hauch von Mystik

Set und Band aus Organza

Sie brauchen:

Pro Set: 40 cm kupferfarbenen Organza mit Golddruck oder -stickerei, 150 cm breit.

Pro Band: 6 mal 95 cm ecrufarbenen Organza; Goldschnur; Metallic-Nähgarn in Gold; Knopflochseide in Messing.

So wird's gemacht:

Für ein Set mit der Fertiggröße von 45 x 35 cm ein Stück Organza à 49 x 39 cm zuschneiden. Das Set im Abstand von 2 cm zu den Schnittkanten ringsherum mit einem dicht eingestellten, etwa 3 mm breiten Zickzackstich in Gold absteppen. Den überstehenden Stoff entlang der Stepplinie vorsichtig mit der Schere abschneiden. Von der Goldschnur für jede Ecke je drei 12 cm lange Stücke abschneiden und – in der Mitte zusammengefasst – mit Handstichen an die Set-Ecken nähen. Schleifenband ringsherum im Abstand von 1 cm zu den Schnittkanten mit der Knopflochseide absteppen und den überstehenden Stoff ausfransen.

▲ *Eine satte, warme Farbigkeit auf durchscheinenden Stoffen – ein reizvoller Kontrast, der eine mystische Atmosphäre schafft. Eine Tischdekoration, die mit wenig Aufwand den idealen Rahmen für ein besinnliches Beisammensein mit Freunden kreiert.*

Gold-Malerei auf Tischwäsche . . .

Serviette und Set mit Schabloniermotiven

Sie brauchen:
Je eine Serviette und ein Set, fertig konfektioniert aus weißem Reinleinen; Schablonierfarbe in Gold; Cutter; einen Schablonierpinsel; weißen Fotokarton; Transparent- und Kopierpapier.

So wird's gemacht:
Das Motiv (siehe unten) mit Transparentpapier abnehmen, mit Kopierpapier auf den weißen Fotokarton übertragen und die Felder mit dem Cutter ausschneiden. Die Schablone beliebig auf Serviette und Set platzieren. Mit der Schablonierfarbe austupfen. Farbe laut Herstellerangabe trocknen lassen und wie angegeben von links gut bügeln.

▲
Ein Platz blüht auf: Gülden sprießen die stilisierten Blüten auf Leinengrund und verleihen dem schlichten Paar aus Set und Serviette den nötigen Glanz für ihren Feiertags-Einsatz.

. . . und Verpackung

Flasche in Verkleidung

Sie brauchen:
Eine leere Flasche; weißes und naturfarbenes Feinleinen, die Menge richtet sich nach der Flaschengröße; Schablonierfarbe in Gold; einen Schablonierpinsel; weißen Fotokarton; Transparent- und Kopierpapier; Cutter; Goldkordel; Lorbeerblätter und Silberdraht.

So wird's gemacht:
Flaschenumfang und -höhe abmessen und ein Rechteck mit den Maßen Flaschenhöhe mal Flaschenumfang (+ 8 cm) aus dem naturfarbenen Leinen zuschneiden. Aus dem weißen Leinen eine Blende mit den Maßen halbe Flaschenhöhe mal Umfang (+ 8 cm) zuschneiden. Das naturfarbene Leinen der Höhe nach zur Hälfte falten. Die Längsnaht schließen und die Nahtzugaben auseinander bügeln. Die Längsnaht in die hintere Mitte legen und die Bodennaht schließen. Die Blende ebenso zur Hälfte legen. Die rückwärtige Mittelnaht schließen. Blende so rechts auf rechts um das Säckchen legen, dass die oberen Blenden- und Säckchenkanten bündig sind. Den oberen Säckchenrand zusammensteppen. Blende nach links umbügeln. Motiv (siehe Seite 32) auf die vordere Säckchenmitte schablonieren. Farbe nach Herstellerangaben gut trocknen lassen. Danach von links bügeln.

Deko-Tipp:
Die Flasche in das Säckchen stellen. Blende nach rechts umschlagen. Die seitlichen, unteren Säckchenzipfel nach innen schieben. Das Säckchen mit Goldkordel umwickeln. Lorbeerblätter mit Silberdraht am Flaschenhals befestigen und eine Kerze aufstecken.

▲
Was einst ein rein zweckmäßiges Dasein als Flasche führte, kommt zur Festsaison zu neuen Ehren: Verkleidet mit einem Leinensäckchen mit aufschabloniertem Goldmotiv beleuchtet die Flasche nun stilvoll traute Runden am gemütlichen Esstisch.

Das Tiroler-Fest

Platz nehmen und sich wohlfühlen! Ein Tisch, der mit rustikalem Rotweiß heimelige Wärme ausstrahlt und an dem der Genuss von duftenden Bratäpfeln geradezu ein Muss ist!

Bratäpfel mit Vanillesauce

Sie brauchen:
4 rote Äpfel; 100 g Marzipan; 50 g süße gehackte Mandeln; 1 Messerspitze Lebkuchengewürz; 1 Messerspitze Zimt; 2 EL flüssige Sahne; 2 EL Zitronensaft; 1 EL braunen Zucker; 1 EL Butter für die Bratpfanne; 2 Päckchen Vanillesauce zum Kaltaufschlagen.

So wird's gemacht:
Mit einem Apfelausstecher das Kerngehäuse der Äpfel entfernen. Marzipan, Mandeln, Gewürze, Sahne, Zitrone und Zucker verrühren und die Äpfel damit füllen. Butter in die Pfanne geben. Äpfel hineinsetzen und im vorgeheizten Backofen bei 180 Grad 15 bis 20 Min. garen. Wer die Äpfel knackiger mag, nimmt sie etwas eher heraus. Mit der kalt aufgeschlagenen Vanillesauce servieren.

Ein Ambiente wie in einem Schweizer Chalet. Ein Tisch, wie er gemütlicher und einladender kaum sein könnte. Der Karostoff spielt die Hauptrolle in diesem fröhlich-anheimelnden Zusammenspiel von rotbäckigen Äpfeln, kleinen Bären und plastischen „Lebkuchen"-Anhängern.

Rustikal und herzig: . . .

Tischdekoration

Sie brauchen:
Terrakottatöpfe; Tuja- oder Buchsbäumchen;
karierte Bären; Äpfel; weiße Kerzen; Erdnüsse; Tannenzapfen; eine Tube Dekorlack in Weiß.

So wird's gemacht:
Terrakottatöpfe (laut Foto auf den Seiten 34 und 35) mit Dekorlack verzieren. Äpfel so aushöhlen, dass die Kerzen einen festen Stand haben. Alle Zutaten auf der Tischmitte dekorieren.

Tischdecke mit Anhängern

Sie brauchen:
Für einen Tisch in der Größe von 75 x 1,45 cm eine fertig konfektionierte Tischdecke in Crème in der Größe 135 x 200 cm; für die Überdecke 1,50 m rotkarierten Vichy-Karostoff, 180 cm breit (fertige Deckengröße 81 x 146 cm); etwa 7 m Borte mit Weihnachtsmotiven; Volumenvlies; roten Sticktwist; Sticknadel mit Spitze.

Zuschneiden:

- je 2 Stoffstreifen aus Karostoff für die Längs- und Schmalkanten der Unterdecke laut den Maßen an der Schemazeichnung (siehe Seite 62, die Zahlen in Klammern stehen für die Längskanten). Achtung: Die Streifen für die Längskanten müssen zusammengesetzt werden!
- Unterdecke à 154 x 89 cm inklusive Zugabe.
- Pro Anhänger (siehe Musterzeichnungen auf den Seiten 62 und 63) das Schnittteil zweimal aus Karostoff in schrägem Fadenlauf und einmal aus Volumenvlies ohne Zugabe.

Wenn nicht anders angegeben, werden die Teile mit 1 cm Nahtzugabe zugeschnitten.

So wird's gemacht:

Unterdecke:
Die Stoffstreifen – immer abwechselnd ein langer und ein kurzer – entlang den Schrägseiten bis zum Querzeichen zusammensteppen. Nahtzugaben innen und außen nach links umbügeln und die Umrandung im gleichmäßigen Abstand zu den Saumkanten auf die Unterdecke steppen. Die Weihnachtsborte ringsum im gleichmäßigen Abstand zu den Außenkanten auf die Umrandung steppen, dabei an den Ecken jeweils eine Falte (genau im rechten Winkel) legen und mit feststeppen.

Überdecke:
Die Ecken laut den Maßen an der Schemazeichnung (siehe Seite 62) ausschneiden. Zugaben entlang der Bruchkante rechts auf rechts auf den Überhang legen und die Schmalkanten schließen. Teile wenden, Nahtkanten glattbügeln und von rechts entlang der Stepplinie zusammensteppen. In den Überhang werden nun für die Anhänger im gleichmäßigen Abstand zueinander Knopflöcher eingearbeitet.

Anhänger:
Das zugeschnittene Volumenvlies zwischen die Anhängerteile aus Karostoff legen und alle drei Lagen zusammenheften. Anhänger entlang allen Kanten mit Langettenstichen (siehe dazu auch Stickschule auf den Seiten 60 und 61) mit 3-fädigem Sticktwist im Abstand von je 4 mm zueinander und 4 mm tief umstechen. Tischdecken auflegen und Anhänger mit einem roten Band an den Knopflöchern befestigen (siehe auch Foto).

. . . Einladendes mit Karo-Charme

Servietten

Sie brauchen:
Pro Serviette (Fertiggröße 40 x 40 cm) 45 cm Halb- oder Reinleinen in Crème, etwa 20 cm rotweißen Vichy-Karostoff, je 180 cm breit.

Zuschneiden:
- pro Serviette 36 x 36 cm in Crème
- 8 Umrandungsstreifen (für die vordere und rückwärtige Umrandung) laut Schemazeichnung auf Seite 62

Alle Teile mit ringsherum 1 cm Nahtzugabe zuschneiden.

So wird's gemacht:
Je 4 Umrandungsstreifen entlang den Schrägseiten bis zum Querzeichen zusammensteppen und die Nahtzugaben auseinander bügeln. Die vordere Umrandung entlang den Innenkanten rechts auf rechts an das Leinen steppen und die Nahtzugaben nach außen bügeln. Die rückwärtige Umrandung rechts auf rechts entlang den Außenkanten an die vordere Umrandung steppen. Nahtzugaben an den Ecken bis kurz vor die Naht schräg abschneiden. Die rückwärtige Umrandung nach links umlegen, Nahtzugaben nach links umbügeln, festheften und von rechts schmalkantig feststeppen.

Tipp:
Mit rotem Leinenband und einem Namensschild aus Moosgummi – mit weißem Dekorlack bemalt – wird die Teller-Dekoration komplettiert.

▲
Fein will ich nicht sein, sagte sich das crèmefarbene Leinen und schmückte sich mit einem rotkarierten Rand. Eine weise Entscheidung, denn so wird aus diesem Stück ein individuelles Element, das jeden Tisch mit seiner Fröhlichkeit bereichert.

Ein Platz für Advents-Gäste

Nikolausmütze

Größe: Etwa 17 x 22 cm

Sie brauchen:
Roten Filz; ein Stück rotweiß karierten Baumwollstoff; Watte.

Zuschneiden:
- für das Mützenteil einen Kreis mit einem Radius von 22 cm aus Filz
- für den Mützenrand einen Stoffstreifen mit 10 cm Breite (fertige Breite 5 cm) und einer Länge, die der gebogenen Kante am Mützenteil entspricht

Alle Teile mit ringsherum 1 cm Nahtzugabe zuschneiden.

So wird's gemacht:
Den Stoffstreifen für den Mützenrand der Länge nach links auf links bügeln und offene Längskanten zusammengefasst versäubern. Den Streifen entlang der gebogenen Mützenkante feststeppen und nach rechts umbügeln (die Nahtzugabe liegt zwischen dem Streifen und dem Mützenteil). Mützenteil entlang den geraden Kanten zusammensteppen, Nahtzugaben auseinander bügeln, wenden. Wattebommel an der Spitze festnähen oder -kleben.

▲
Auf eine schöne Bescherung darf sich freuen, wer an einen so liebevoll gestalteten Tisch eingeladen wird. Ein Bart aus Watte schafft unter der Nikolausmütze die Illusion eines gutmütigen Gesichts.

Leuchtender Apfel-Treff

Stern-Untersetzer und Apfel-Leuchter

Sie brauchen:
Goldfolie; Äpfel; Kerzen.

So wird's gemacht:
Aus der Goldfolie Sterne in beliebiger Größe ausschneiden (zum Beispiel nach der Musterzeichnung von Seite 63). Die Äpfel so aushöhlen, dass die Kerzen einen festen Stand haben. Die Äpfel auf die Goldsterne stellen.

▲
Die roten Backen der Winteräpfel glänzen mit den Sternen aus Goldfolie um die Wette. Eine Dekoration, bei deren Entstehen der Nachwuchs kräftig mithelfen kann.

Naturverbunden

Kerzen im Rosenbett

Sie brauchen:
Zwei weiße Tontöpfe, Höhe 15 cm, Durchmesser 5 cm; Efeuranken; Johanniskraut; Buchs; Rosen; weißes Kerzenwachs; Stearin; Blumendraht; zwei weiße Kerzen; Steckziegel; weißes Satinband.

Und so wird´s gemacht:
Die Steckziegel in die Töpfe stecken. Aus der Mitte eine Vertiefung für die Kerzen herausschneiden. Die Rosenblüten andrahten. Das Kerzenwachs erhitzen, bis es sich auflöst. Etwas Stearin zugeben und abkühlen lassen.
Test: Ein Blatt in das Wachs tauchen. Wenn es nicht braun wird, die Rosenblüten mit dem Kopf nach unten eintauchen und abtropfen lassen. Zum Trocknen in einen weiteren Steckziegel stecken. Aus dem Johanniskraut und Buchs ein Kränzchen binden, das Satinband zu Schleifen schlingen und andrahten. Die Kerzen in die Steckziegel stecken, die Rosen rundherum dekorieren. Die Schleifen einstecken und die Beerenkränzchen mit Draht in den Topfrand hängen.

▲
Ein Kränzchen aus Johanniskraut, gewachsten Rosen und etwas Efeu – aus diesen Zutaten entsteht eine wildromantische Dekoration für zwei uni Servietten in weihnachtlichem Rotweiß.

Tipp:
Die Kränzchen können auch Tischgedecke schmücken. Eine etwa 40 x 40 cm große Serviette laut Foto zusammenlegen. Eine kleinere Serviette von etwa 30 x 30 cm diagonal falten, dabei Spitze auf Spitze legen. Die nun doppelt liegende Kante um etwa 8 cm in Richtung Spitze umschlagen, die seitlichen Enden um die große Serviette nach hinten legen. Kränzchen mit Schleife darauf dekorieren.

Der Charme gewachster Rosen und die natürliche Unschuld von Efeu und Winterbeeren spielen die Hauptrolle – in und an Töpfen, die so zu ausgefallenen Kerzenhaltern werden. ▶

Fantasien aus Draht: . . .

Draht-Pyramiden

Sie brauchen:
Blumenbindedraht verzinkt, 1 mm stark; Rundzange.

So wird's gemacht:
Für die runde Pyramide – 40 cm hoch mit einem Durchmesser von 16 cm – den unteren Drahtring mit 16 cm Durchmesser biegen. Anfang und Ende liegen dabei übereinander. Für das Gestell sechs etwa 45 cm lange Drahtstücke mit einem Ende – in gleichmäßigem Abstand zueinander – am Ring fixieren. Die oberen Enden zusammenfassen und im Abstand von 5 cm fest mit Draht umwickeln. Dann gleich anschließend den Draht von oben locker um das Gestell wickeln und dabei den Draht abwechselnd außen und innen durchführen. Das Ende am Ring andrahten. Obere Enden nach innen biegen.
Für die quadratische Pyramide – etwa 12 x 12 cm groß und 24 cm hoch – 2 Drahtstücke à 70 cm abschneiden. Die Stücke jeweils 8 cm rechts und links der Mitte knicken und über Kreuz legen (Drahtmitten liegen übereinander). Drähte zuerst an den über Kreuz liegenden Mitten fixieren, dann die oberen Enden mit Draht fixieren. Danach an einer unteren Ecke zuerst den Blumenbindedraht fixieren, dann die Pyramide rundherum bis nach oben umwickeln. Dabei den Draht immer einmal um jede Ecke wickeln. Den Messingdraht ebenfalls, wie oben beschrieben, um die Pyramide wickeln. Mit einem Drahtende oben eine kleine Spirale biegen.

▲
Zerbrechlicher Charme und ein kleines Augenzwinkern – die Pyramiden aus Silber- und Messingdraht erheben keinen Anspruch auf Vollkommenheit. Erfreuen aber nichtsdestoweniger das Auge, wenn sie sich über kleinen Teelichtern aufbauen.

. . . filigran und verspielt

Drahtkorb aus Spiralen

Sie brauchen:
Für einen 11 cm hohen Korb mit 18 cm Durchmesser: einen Silberteller mit einem hohen Rand und 18 cm Durchmesser; Blumenbindedraht verzinkt, 1,5 mm stark; Silberdraht, 0,8 mm stark und eine Rundzange.

So wird's gemacht:
Die Grundform mit dem dickeren Draht 12-mal laut Foto S-förmig in etwa 11 cm Höhe biegen (siehe Zeichnung unten). Einzelteile mit dem dünneren Silberdraht zu einem Korbgestell zusammenfügen.
Zur besseren Stabilität aus dem dicken Draht einen Ring mit 18 cm Durchmesser biegen und unten am Korbgestell mit dünnem Draht fixieren. Die Enden des Drahtrings liegen übereinander. Den Korb in den Teller stellen.

Tipp:
Durch Hinzufügen oder Weglassen einzelner Spiralen kann man den Durchmesser des Korbes variieren.

▲
Behältnisse für Dinge, die man sehen soll: Die feinen Drahtkörbe setzen gleichermaßen Inhalt und sich selbst in Szene.

Korb aus Hasendraht

Größe: Etwa 18 cm Durchmesser, 16 cm hoch.

Sie brauchen:
Hasendraht; Rundzange; Seitenschneider; Satinband in Crème, 2,5 cm breit.

So wird's gemacht:
Aus dem Hasendraht mit dem Seitenschneider ein Teil à 20 x 65 cm und einen Boden mit 20 cm Durchmesser schneiden. Die Schmalkanten des Korbteils so übereinanderlegen, dass der Korb einen Durchmesser von 18 cm hat. Die Enden mit der Zange nach innen biegen und so das Rund fixieren. Den oberen Rand rund nach außen biegen, dabei die offene Kante mit dem Korbteil verhaken. Boden von außen auflegen und mit der Zange fixieren. Satinband um den Korb zur Schleife binden.

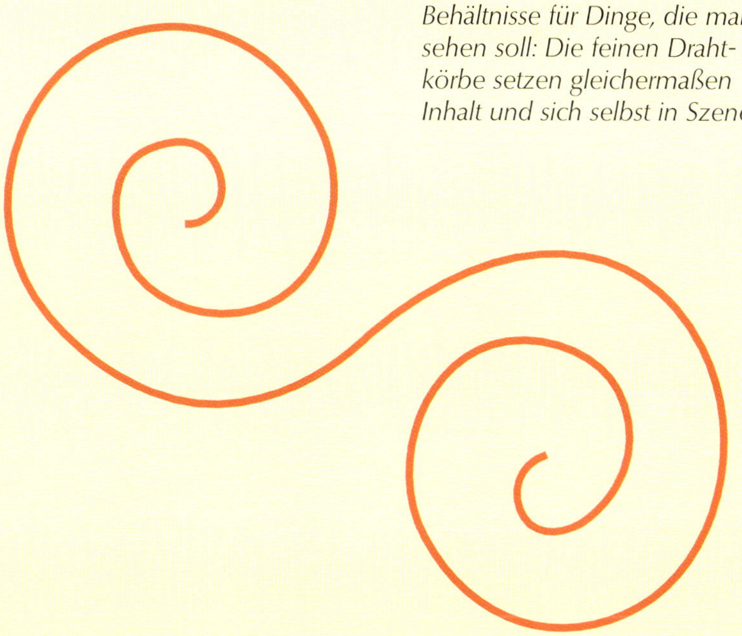

Weihnachtsboten – gebogen & bemalt

Draht-Figuren

Allgemeines:
Sie brauchen Stahldraht von der Rolle, blau geglüht und 1 mm stark; zusätzlich für den Stern: Wickeldraht, blau geglüht und 0,3 mm stark sowie eine Rundzange.

Elch mit Schlitten

Größe: Etwa 21 x 11 cm

Sie brauchen zusätzlich:
Bronzespray in Silber.

So wird's gemacht:
Die Grundform laut Musterzeichnung auf Seite 63 biegen. Den Elch mit Silber besprühen.

Stern

Größe: Etwa 10 x 16 cm

Sie brauchen zusätzlich:
Plakafarbe in Weiß, Pinsel.

So wird's gemacht:
Sternform und Kreis laut Musterzeichnung auf Seite 62 biegen und mit Weiß bepinseln. Den Kreis mit Wickeldraht an den inneren Sternzacken befestigen. Dann fünf herzförmige Ornamente biegen und mit Wickeldraht (siehe Markierungsstriche) am Stern fixieren. Zuletzt den Stern mit Weiß bepinseln und trocknen lassen.

▲
Rentier und Schlitten sausen in Windeseile über winterliches Grün: Die beiden Unzertrennlichen werden aus einem Stück gebogen.

Tipp:
Stahl- und Wickeldraht am besten immer von der Rolle oder in langen Stücken kaufen und die Modelle direkt von der Rolle biegen. Das geht am leichtesten und verhindert, dass beim Biegen das Material ausgeht.

Sternstunden für die Freunde der filigranen Biege-Kunst: Das Schmuckstück bekommt mit Herz-Ornamenten einen verspielten Charakter. ▶

Advents-Figuren – gebogen . . .

Engel mit Geige

Größe: Etwa 18 x 10 cm

Sie brauchen:
Stahldraht von der Rolle, blau geglüht und 1 mm stark; eine Rundzange; Goldbronze und Pinsel.

So wird's gemacht:
Grundform laut Musterzeichnung auf Seite 62 biegen und den Engel mit Goldbronze bestreichen.

▲
Weihnachten, Fest der Engel und Sphärenklänge. Dieser kleine Himmelsbote macht mit seiner Violine zwar keine Musik, erweist sich jedoch als Augenweide an Töpfen, Tannengestecken oder am Christbaum.

. . . und gespachtelt

Tannenbaum und Spirale

Größe:
Baum: 11 cm (ohne Stamm)
Spirale: 6 cm (ohne Stiel)

Sie brauchen:
Stahldraht von der Rolle, blau geglüht und 1 mm stark; Moltofill Spachtelmasse für drinnen; Goldbronze; Pinsel; Rundzange.

So wird's gemacht:
Das Bäumchen und die Spirale laut Musterzeichnungen auf Seite 63 biegen. Spachtelmasse anrühren und die Drahtformen bestreichen. Nach dem Trocknen die Teile mit Gold bestreichen.

▲
Gestatten, Tannenbäumchen und Spirale stellen sich als Idealbesetzung für das Mitbringsel in letzter Minute vor. Flugs biegen, mit Spachtelmasse aufpolstern und vergolden – und damit Gesteck oder Sträuße krönen.

Alpenweihnacht in Blaugrün

Bedrucktes Schleifenband

Größe: 130 cm lang, 12 cm breit

Sie brauchen:
Je 20 cm Halbleinen in Natur und Karostoff in Grünblau, je 180 cm breit; Stoffmalfarbe in Kobaltblau, Ultramarinblau, Blaugrün und Olivgrün; einen flachen Teller; Schablonierpinsel.

So wird's gemacht:
Aus dem Leinen einen Streifen à 130 x 12 cm zuschneiden und die Ecken dabei zur Spitze schneiden. Aus dem Karostoff einen Einfassstreifen à 280 x 4 cm zuschneiden. Das Leinen ringsherum 1 cm breit mit dem Karostreifen einfassen. Wie die Glockenschablone erstellt wird, steht auf Seite 50 unten. Wie schabloniert wird, zeigt das Foto auf Seite 50 unten.

▲ *Das Band mit dem aufgestencilten Glockenmotiv wird in der Vorweihnachtszeit zum vielseitigen Deko-Element.*

Gemütliche Stunden in der Adventszeit werden von der Decke mit Karorand stimmungsvoll begleitet, die mit aufschablonierten Glocken auf sich aufmerksam macht. ▶

Bedruckte Tischdecke

Größe: 85 x 85 cm

Sie brauchen:
65 x 65 cm naturfarbenes Halbleinen; 30 cm Karostoff in Grünblau, 180 cm breit; Stoffmalfarbe; etwa 3 m Paspelband in Blau, 4 cm breit.

So wird's gemacht:
Alle Stoffe vor dem Bedrucken waschen und bügeln.

Zuschneiden: Aus dem Leinen die Decke auf 61 x 61 cm zuschneiden. Aus dem Karostoff für die vordere und rückwärtige Umrandung 8 Umrandungsstreifen laut den Maßen an der Schemazeichnung auf Seite 62 zuschneiden. Dabei auf die Anordnung der Karos achten, damit sie bei den oben liegenden Eckschrägungen aufeinander passen. Alle Stoffteile mit ringsum 1 cm Nahtzugabe zuschneiden.

Nähen: Je 4 Umrandungsstreifen entlang den Schrägseiten bis zum Querzeichen (siehe Schemazeichnung) zusammensteppen und die Nahtzugaben auseinander bügeln. Die vordere Umrandung entlang den Innenkanten rechts auf rechts auf dem Deckenteil feststecken, Paspel dazwischen schieben, so dass nach dem Wenden etwa 1 cm sichtbar ist. Alles rundherum an das Deckenteil nähen. Nahtzugaben nach außen bügeln. Rückwärtige Umrandung rechts auf rechts entlang den Außenkanten an die vordere Umrandung nähen. Nahtzugaben an den Ecken bis kurz vor die Naht schräg abschneiden. Die rückwärtige Umrandung nach links umlegen, Nahtzugaben nach links bügeln und von rechts schmalkantig entlang der Ansatznaht festnähen.

Schablonieren: Wie die Schablone erstellt wird, steht auf Seite 50 unten. Dann die Glocken je dreimal auf eine Deckenkante in gleichmäßigem Abstand vom Rand und zueinander aufschablonieren.

17

Schablonen-Malerei . . .

Bedrucktes Briefpapier

Sie brauchen:
Briefpapierbögen und Umschläge; einen flachen Teller, einen Schablonierpinsel; Bastelfarbe in Grün und Blau; Transparent- und Kopierpapier; Klarsichtfolie; einen wasserfesten Filzschreiber; Cutter.

So wird's gemacht:
Die Klarsichtfolie auf die Musterzeichnung der Glocke (siehe Seite 51) legen und die Konturen mit dem Filzschreiber übertragen. Die Felder herausschneiden und mit der so entstandenen Schablone laut Foto oder beliebig die Glocken aufschablonieren.

▲
Auch auf Briefpapier kommt die Glockenschablone dekorativ und individuell zum Einsatz. Als Einladungskarten verschickt oder als Menükarte auf den Tisch gelegt runden die schablonierten Weihnachtsglocken das Fest ab.

Schachtel mit Glockenmotiv (Foto auf Seite 51)

Größe: 14 x 14 cm, Höhe: 7 cm

Sie brauchen:
Eine Schachtel aus Karton; Cutter; 30 cm Karostoff in Grünblau, 180 cm breit; Vliesofix, 90 cm breit; Baumwollstoffrest in Natur; Stoffmalfarbe in Kobaltblau, Ultramarinblau, Blaugrün, Olivgrün; einen flachen Teller, Schablonierpinsel.

So wird's gemacht:
Passend zur Motivgröße aus dem Schachteldeckel ein Rechteck herausschneiden. Ein Stück Karostoff à 24 x 24 cm abschneiden und auf die Rückseite Vliesofix bügeln. Trägerpapier abziehen und Stoffteil auf den Deckel bügeln, Stoff an den Ecken einschneiden. Nun den Stoff auf die Deckelkanten bügeln und zum Schluß nach innen umbügeln. Die Schachtel kann nach Wunsch in Blau bemalt oder mit passendem blauen Stoff bezogen werden. Den Baumwollstoffrest mit einem Glockenmotiv bedrucken (siehe dazu Arbeitsfoto rechts) und Farbe nach Packungsanleitung fixieren. Auf die Motivrückseite Vliesofix bügeln; Trägerpapier abziehen und das Motiv auf einen etwas größeren Kartonrest aufbügeln. Diesen in den Deckel einfügen.

◄ *Wenn die Schablone ausgeschnitten ist, kann's richtig losgehen: Etwas von den entsprechenden Farben auf einen Teller geben, den Pinsel hineintauchen und auf die Schablone tupfen. Lieber wenig Farbe nehmen, damit nichts unter die Schablone läuft und eventuell noch einmal drüberschablonieren, wenn's nicht ausreichend gedeckt hat.*

. . . auf Leinen und Papier

Säckchen mit Karorand

Sie brauchen:
Für ein Säckchen à 27 x 46 cm 40 cm Halbleinen in Natur und Karostoff in Grünblau, je 180 cm breit; 70 cm Paspelband in passendem Blau; Stoffmalfarbe in Kobaltblau, Ultramarinblau, Blaugrün und Olivgrün; Teller, Schablonierpinsel.

So wird's gemacht:
Aus dem Leinen ein Stück à 56 x 34 cm und aus dem Karostoff für den Besatz ein Stück à 56 x 30 cm zuschneiden. Beide Teile mit ringsherum 1 cm Nahtzugabe zuschneiden. Den karierten Stoffstreifen rechts auf rechts entlang einer Längskante an die obere Längskante des Leinens steppen, dabei den Paspel zwischenfassen. Stoffstreifen samt Nahtzugabe nach oben umbügeln. Zuerst die rückwärtige Mittelnaht, dann die Bodennaht schließen. Ecken an der Bodennaht abnähen: Hierfür die Seitenkanten markieren, Seitenkanten rechts auf rechts treffend auf die Bodennaht legen und die Ecken etwa 6 cm breit abnähen. Besatzstreifen mit eingeschlagener Nahtzugabe zur Hälfte nach links bügeln und von rechts schmalkantig feststeppen. Wie schabloniert wird, zeigt das Foto auf Seite 50 unten. Wie das Motiv fixiert wird, ist auf dem Beipackzettel der Farbe beschrieben.

▲ *Der Fantasie sind keine Grenzen gesetzt: Auch auf dem Überraschungs-Säckchen vom Nikolaus und der Schachtel für die Weihnachtspost läuten die Glocken.*

Samt und Seide – die wahre Pracht!

Samt und Seide für ein Dinner zu zweit. Schwelgen im satten Rot-Rausch und dem prunkvoll gestalteten Tisch Lichter in Gold aufsetzen – was für eine Atmosphäre!

Diese Musterzeichnungen bitte auf das doppelte Maß vergrößern.

◀ *Der Glanz von Seide und Blattgold, von Christbaumkugeln und Tafelsilber bereitet verliebten Pärchen eine prunkvolle Kulisse für ein unvergessliches Fest.*

Sternenzauber ...

Tischdecke mit Goldmalerei

Größe: 118 x 118 cm

Sie brauchen:
Etwa 120 cm gestreiften Seidenstoff, 140 cm breit; etwa 60 cm Samt, 120 cm breit; 1 Glas (50 ml) Konturenmittel in Gold (bügelfixierbar) und Verdicker, beides für Seidenmalerei; dünnen Karton; Schablonierpinsel; Cutter.

So wird's gemacht:
Zuschneiden: Die Decke aus Seide à 110 x 110 cm und aus Samt 8 Umrandungsstreifen – Maße siehe Schemazeichnung auf Seite 63 – zuschneiden. Alle Teile mit 1 cm Nahtzugabe ringsherum zuschneiden.
Schablonieren: Die Musterzeichnungen von Stern und Herz (siehe Seite 53) auf den Karton übertragen und exakt mit dem Cutter ausschneiden (= Schablone). Konturenmittel mit wenig Verdicker mischen. Herz und Stern abwechselnd – je 5 Motive entlang einer Deckenkante – ringsherum aufpinseln. Dafür den Schablonierpinsel leicht in die Farbe tauchen, Schablone auflegen und Motiv aufdrucken (siehe auch Foto auf Seite 50 unten). Nach dem Trocknen die Motive von links laut Packungsaufschrift durch Bügeln fixieren.
Nähen: Je 4 Umrandungsstreifen entlang den Schrägseiten bis zum Querzeichen zusammensteppen, Nahtzugaben auseinander bügeln. Beide Umrandungen passgenau rechts auf rechts legen und entlang den Außenkanten zusammensteppen. Nahtzugaben an den Ecken bis kurz vor die Naht schräg abschneiden. Wenden und Nahtkanten leicht bügeln. Nahtzugaben entlang den Innenkanten nach links umbügeln, Deckenteil in die Umrandung schieben. Heften und von rechts schmalkantig zusammennähen. Außenkante schmalkantig absteppen.

▲ *Verheißungsvoll funkelt das Blattgold auf dem Diamant-Stern – allein schon ein bildschöner Stimmungsmacher, als Gruppe von mehreren eine Augenweide.*

Diamant-Stern mit Blattgold

Sie brauchen:
Diamant-Stern aus Pappmaché, 13 cm Durchmesser; Metallicfarbe in Brillantgold; 50 ml Anlegemilch; 50 ml Überzugslack; Blattmetall in Gold; einen dicken Pinsel.

So wird's gemacht:
Stern mit Gold bemalen. Nach dem Trocknen die Anlegemilch unregelmäßig auftragen und etwas antrocknen lassen. Dann Blattmetall auflegen und mit dem Pinsel aufdrücken. Das Metall haftet nur auf den Flächen, die mit Anlegemilch bestrichen wurden. Nach dem endgültigen Trocknen sich überlappende und lose Metallstücke vorsichtig mit dem dicken Pinsel abreiben. Stern mit dem Überzugslack lackieren.

. . . und Lichterglanz

Zwanzig-Zacken-Stern

Größe: 35 cm Durchmesser

Sie brauchen:
Fotokarton in Weiß (für die Schablone); 3 Bogen Tonpapier in Silber; Cutter; Schere; Lineal; schnittfeste Unterlage; Alleskleber; Nähnadel mit Spitze; festes Transparentpapier und eine Fassung mit Lampe.

So wird's gemacht:
Die Zeichnung (siehe Seite 62) auf Transparentpapier übertragen und auf dem Kopierer so vergrößern, dass die Seiten eine Länge von 11 cm haben. Die Kopie auf den Karton legen und mit Klebestreifen fixieren. Alle Verbindungspunkte wie Spitzen, Innenecken, Begrenzungen der Klebelaschen mit der Nadel durchstechen. Kopie abnehmen und Linien laut Zeichnung aufzeichnen. Mit dem Cutter, der an dem Lineal entlanggeführt wird, die Schablone ausschneiden. Schablone auf den silberfarbenen Fotokarton legen, die Verbindungspunkte durchstechen und die Form ausschneiden. Diese Form insgesamt fünfmal zuschneiden. Die in der Zeichnung gestrichelten Linien leicht vorfalzen. Form ausschneiden, dabei auch die zwischen zwei Sternspitzen liegende Pünktchenlinie einschneiden. Musterzeichnung für die Verzierung (rechts unten) auf Transparentpapier zeichnen. Transparentzeichnung jeweils auf die Zackenflächen legen und entlang der Linie mit der Nadel in gleichmäßigem Abstand einstechen. Alle vorgefalzten Linien falten. Einzelne Formen an den mit Punkten gekennzeichneten Kanten zu einem langen Strang zusammenkleben. Dabei werden die Klebelaschen jeweils unter der Kante der nächsten Form festgeklebt. Nun die einzelnen Zacken nacheinander schließen. Dabei behutsam vorgehen. Jede Klebenaht sollte eine feste Verbindung bilden, ehe man die nächste Sternspitze faltet und zusammenklebt. Denn mit dem Zusammenkleben der Spitzen schließt sich auch die Form und dabei können noch feuchte Verbindungen leicht verrutschen oder aufplatzen. Vor dem Verschließen der letzten Sternspitze die Lampe mit der Fassung einführen.

▲
Leuchtkörper der feinen Art: Der magische Stern streut sein Licht durch gestichelte Arabesken und stimmt festlich.

Zeit für Prunkvolles

Waldreben-Kranz mit Kerzen

Sie brauchen:
Einen Styroporkranz mit 25 cm Durchmesser; Deko-Schlauch in Gold; 12 weiße und 12 roséfarbene Kerzen; Waldrebengrün oder ersatzweise Efeuranken; einige Zweige Buchsbaum; goldfarbene Deko-Sonnen und Sterne zum Streuen; Christbaumkugeln; Blumendraht; Bast; einen Teller mit dem Zirka-Durchmesser des Styroporrings.

So wird's gemacht:
Den Styroporring mit Bast umwickeln, damit das Grün darauf besser hält. Die Ranken der Waldreben dicht um den Kranz winden und sie dabei immer wieder partiell mit Blumendraht befestigen. Eventuelle Lücken mit kleinen Büscheln von mehreren kurzen Rankenstückchen ausfüllen. Den Buchsbaum hier und da integrieren. Den goldfarbenen Deko-Schlauch in beide Richtungen großzügig und locker rund um den Kranz winden, so dass die Umschlingungen sich kreuzen. Den Kranz auf einen Teller legen. Die Kerzen, abwechselnd weiß und rosé, entlang dem inneren Rand des Kranzes aufstellen – und zwar zwischen Kranz und Deko-Schlauch-Verkreuzungen. Auf diese Weise werden grüppchenweise immer etwa drei Kerzen von dem Schlauch gehalten. Zum Schluss das Kranz-Innere mit einer Sammlung aus Christbaumkugeln dekorieren und die Deko-Sonnen und Sterne über das Grün streuen.

▲
Dunkles Waldreben-Grün bekommt durch den leuchtenden Kerzenkreis einen sanften, satten Glanz. Goldsternchen auf dem schlichten Blätterkleid verleihen ihm Festtagswürden.

Stillleben mit Prunk-Früchten

Sie brauchen: Granatäpfel, Limonen, Kumquats; Blattmetall-Flocken in Gold und Silber; Anlegemilch; Bouillondraht in Gold und Silber; Sariborten und Perlen-Elemente; Goldquasten; Messing-Elemente und -Perlen; Strasssteine; Pinsel; Heißklebepistole.

So wird's gemacht: Die Metall-Flocken partiell mit Hilfe der Anlegemilch auf die Früchte kleben. Das Obst mit Borten, Perlen-Elementen und Strasssteinen bekleben. Auf Stengel und Blüten Perlen kleben. Das Ganze mit Bouillondraht umwickeln.

Wie kostbare Schätze liegen die geschmückten Zitrusfrüchte in der Schale. Verziert mit Perlenornamenten, Blattmetall und Bouillongold führen sie in der Festzeit ein Leben im Luxus. ▶

Glasperlen-Spiele

▲ *Glas ist in der stimmungsvollen Jahreszeit einfach unentbehrlich. Es hat die wunderbare Eigenschaft, mit verschiedenen Oberflächen vielfach das Licht zu brechen. Hier entsteht dieser Effekt durch Glasknöpfe an und Stifte in Groggläsern, . . .*

Lichter in Glaskelchen

Sie brauchen:
Schlichte Glaskelche, wie zum Beispiel Groggläser; transparente, farblose Knöpfe aus Glas oder Kunststoff; Silberdraht, 0,4 mm stark; goldfarbene Glasstifte, 20 mm lang; Teelichter.

So wird's gemacht:
Auf den Silberdraht einige Knöpfe fädeln. Knöpfe mit Löchern verrutschen nicht, wenn man den Draht einfach durchfädelt, während Modelle mit einem Steg auf der Unterseite mit einer kurzen Drehung des Drahtes fixiert werden müssen. Den Draht im unteren Teil um das Glas zur Runde legen und dabei etwa fünf Knöpfe verteilen. Das Ende durch kurzes Umeinanderdrehen der Drähte befestigen. Auch hier einen Knopf platzieren. Den Draht zum oberen Glasrand weiterführen und ihn hier mit Daumen und Zeigefinger eng der Form des Randes anpassen. Ihn einige Zentimeter innen am Rand entlangführen, dann wieder eng an den Rand drücken und nach außen führen. Am Querring angekommen, um einen der Knöpfe schlingen. Nach diesem System den Draht einige Male nach oben und wieder zurückführen. Dabei die Knöpfe als Knüpfpunkte nutzen. Je nach Höhe das Glas noch ein oder zwei weitere Male horizontal umwickeln. Dabei weiterhin die Knöpfe in regelmäßigen Abständen verteilen. Das Drahtende gut sichern. Die Kelche etwa 2 cm hoch mit Stiftperlen in Gold füllen. Auf dieses „Bett" die Teelichter setzen.

. . . hier sind's Glassteine, die auf schlichte Wassergläser geklebt werden und so eine unvergleichliche Lichtquelle bilden. ▶

Stickschule – das 1x1 der Stiche

Kettenstich

Ein Stich, benannt nach seinem Erscheinungsbild, das aussieht wie eine Gliederkette. Er geht besonders schnell von der Hand, wenn man den Stoff so hält, dass man das Muster auf sich zu sticken kann. Der Kettenstich eignet sich für Umrandungen ebenso wie für das Sticken von Alphabeten.

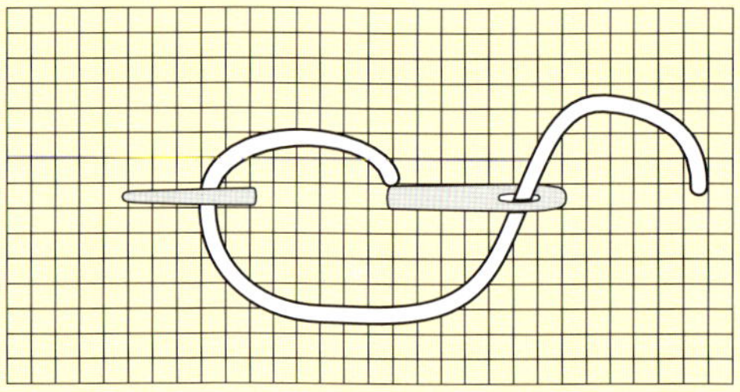

1. *Für den ersten Stich die Nadel von unten durch den Stoff stechen. Dann die Nadelspitze in denselben Einstich nach unten führen, aus dem die Nadel heraus kam. Dabei links der Einstichstelle den Faden in eine lockere Schlaufe auf den Stoff legen und so in beliebiger Stichlänge wieder nach oben ausstechen, dass die Schlaufe unter der Nadel liegt.*

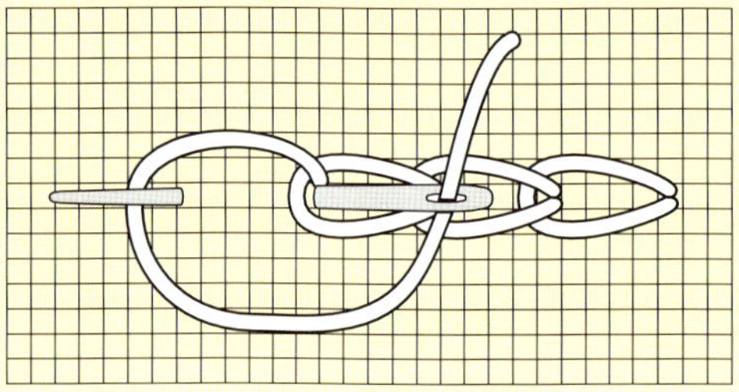

2. *Die Ausstichstelle ist auch für die nächsten „Kettenglieder“ wieder die Einstichstelle: Nach gleichem Schema, wie unter 1. beschrieben, einstechen, dabei eine Schlaufe legen, links der Einstichstelle ausstechen und dabei mit der Nadel die Schlaufe fixieren.*

Langettenstich

Der Langettenstich – auch Feston- oder Schlingstich genannt – wird von links nach rechts gearbeitet. Die Stiche werden dabei in kleinen Abständen oder dicht nebeneinander angeordnet. Er wird gerade, gebogen, geschwungen oder in Runden ausgeführt, wobei der Faden so unter die Nadelspitze gelegt wird, dass eine Schlinge entsteht, wenn man ihn anzieht.

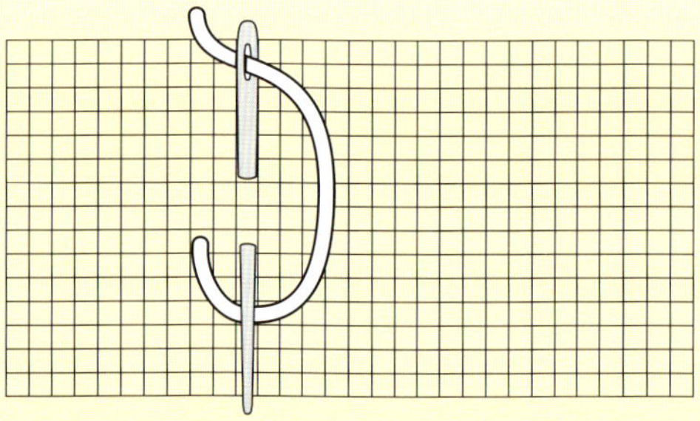

1. *Beim geraden Langettenstich die Nadel senkrecht von oben einstechen. Im Abstand der gewünschten Stichhöhe wieder ausstechen. Dabei den Faden unter die Nadelspitze legen und anziehen.*

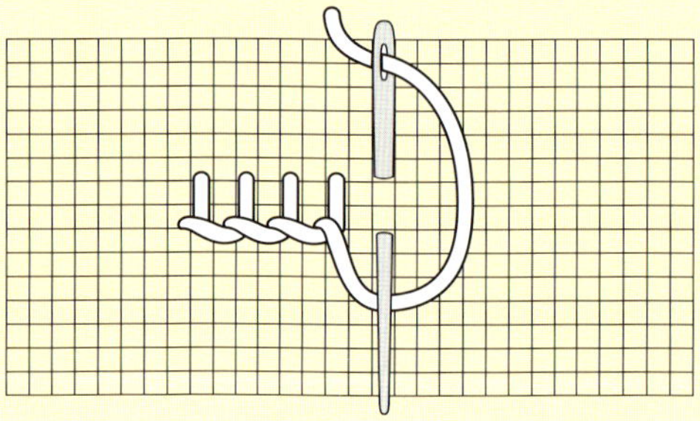

2. *Wird der gerade Langettenstich eng aneinander gesetzt, so können damit Kanten eingefaßt werden. Beim Schlingstich als Zier- oder Randstich können die Stiche kleine Abstände erhalten.*

Sternstich

Dieser Stich besteht aus einem geraden Kreuzstich und einem schrägen Kreuzstich, der darüber gestickt wird. Stickt man zunächst den schrägen und dann den geraden darüber, so nennt sich dieser Stich doppelter Kreuzstich, beziehungsweise Königinstich.

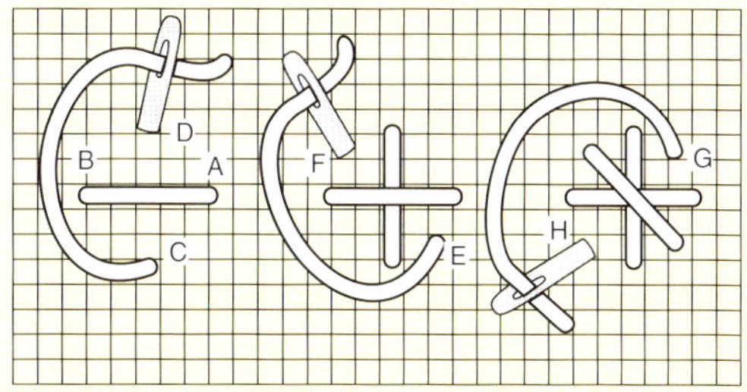

1. *Mit einem geraden Kreuzstich beginnen, wie er oben auf dieser Seite gezeigt wird: Hierfür von A nach B und dann von C nach D stechen.*

2. *Jetzt bei E aus dem Stoff stechen und bei F wieder einstechen. Es entsteht ein schräger Stich, der die gleiche Länge haben sollte wie die beiden vorherigen.*

3. *Nun bei G aus- und bei H wieder einstechen. Damit ist das zweite Kreuz fertiggestellt. Alle Stiche sollten gleich lang sein.*

Stielstich

Der Stielstich ist einer der bekanntesten und ältesten Linienstiche. Er ist zum Sticken jeder Art von Konturen, aber auch zum Füllen ganzer Motive geeignet. Der Stielstich wird immer von links nach rechts ausgeführt. Stickt man mit ihm Rundungen, so läßt man die Stiche nach innen hin kleiner werden. Sollen Zweige und Stiele gestickt werden, so beginnt man mit dem Hauptstiel und arbeitet danach erst die Blattadern – vom Hauptstiel ausgehend – in die Blätter hinein.

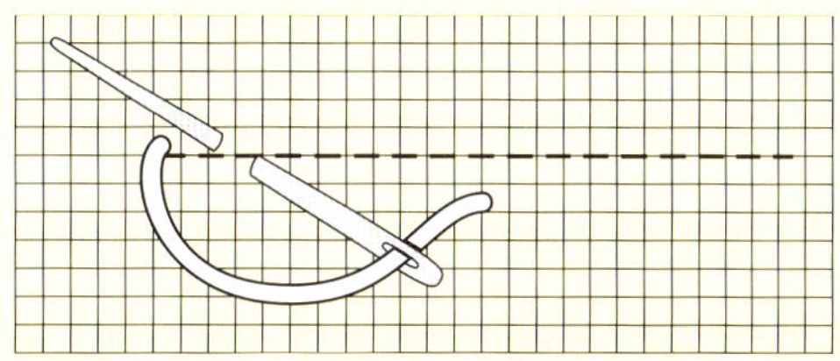

1. *Oberhalb der gestrichelten Linie ausstechen. Danach in einiger Entfernung knapp unterhalb der gestrichelten Linie einstechen und auf halber Stich-linie oberhalb der Linie wieder ausstechen.*

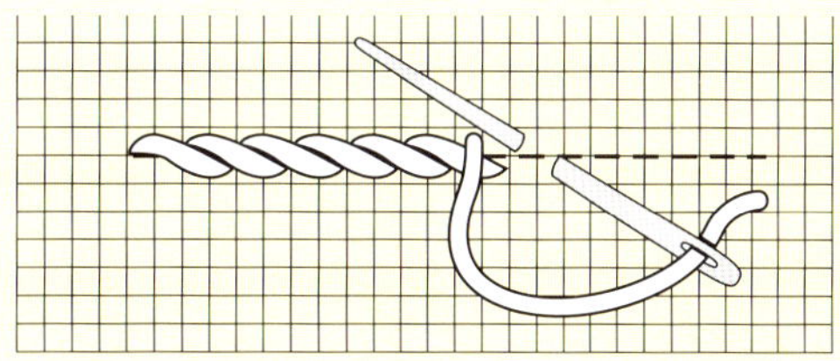

2. *Den Stickvorgang in gleicher Weise fortführen. Dabei darauf achten, dass die Garnschlinge immer unten liegt und die Stichlängen in gleichmäßigen Abständen gearbeitet werden.*

Zickzackstich

Der Zickzackstich kann als Zierstich beim Sticken von Bordüren oder zum Füllen ganzer Flächen angewendet werden. Er wird von rechts nach links gearbeitet und besteht aus schrägen Stichen, die im Wechsel von rechts nach links und von links nach rechts verlaufen. Auf der Stoffunterseite entstehen bei exakter Ausführung Rückstiche. Beim Sticken auf zählbarem Gewebe muss waagerecht eine gerade Anzahl von Gewebefäden aufgenommen werden, wobei die Einstiche der oberen und unteren Reihen versetzt zueinander liegen.

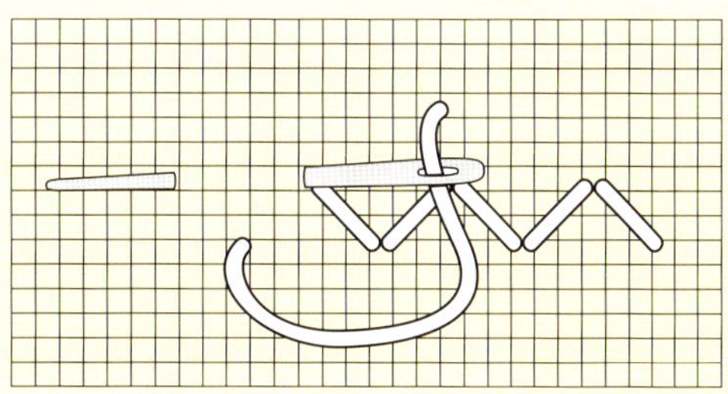

1. *Auf der unteren Reihe ausstechen. Die Nadel diagonal über drei Gewebefäden nach rechts oben führen und einstechen. Anschließend sechs Gewebefäden waagerecht aufnehmen und die Nadel dabei waagerecht nach links ausstechen.*

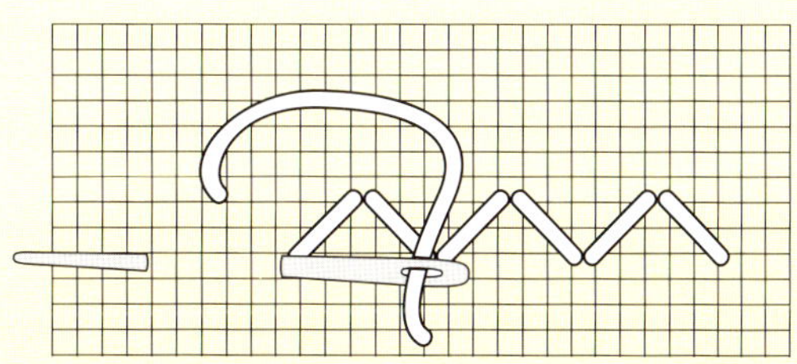

2. *Die Nadel diagonal nach rechts unten zur vorletzten Ausstichstelle führen und einstechen. Sechs Gewebefäden waagerecht aufnehmen und nach links ausstechen. Diesen Rhythmus wiederholen, so oft es das vorgegebene Muster verlangt.*

Mustervorlagen

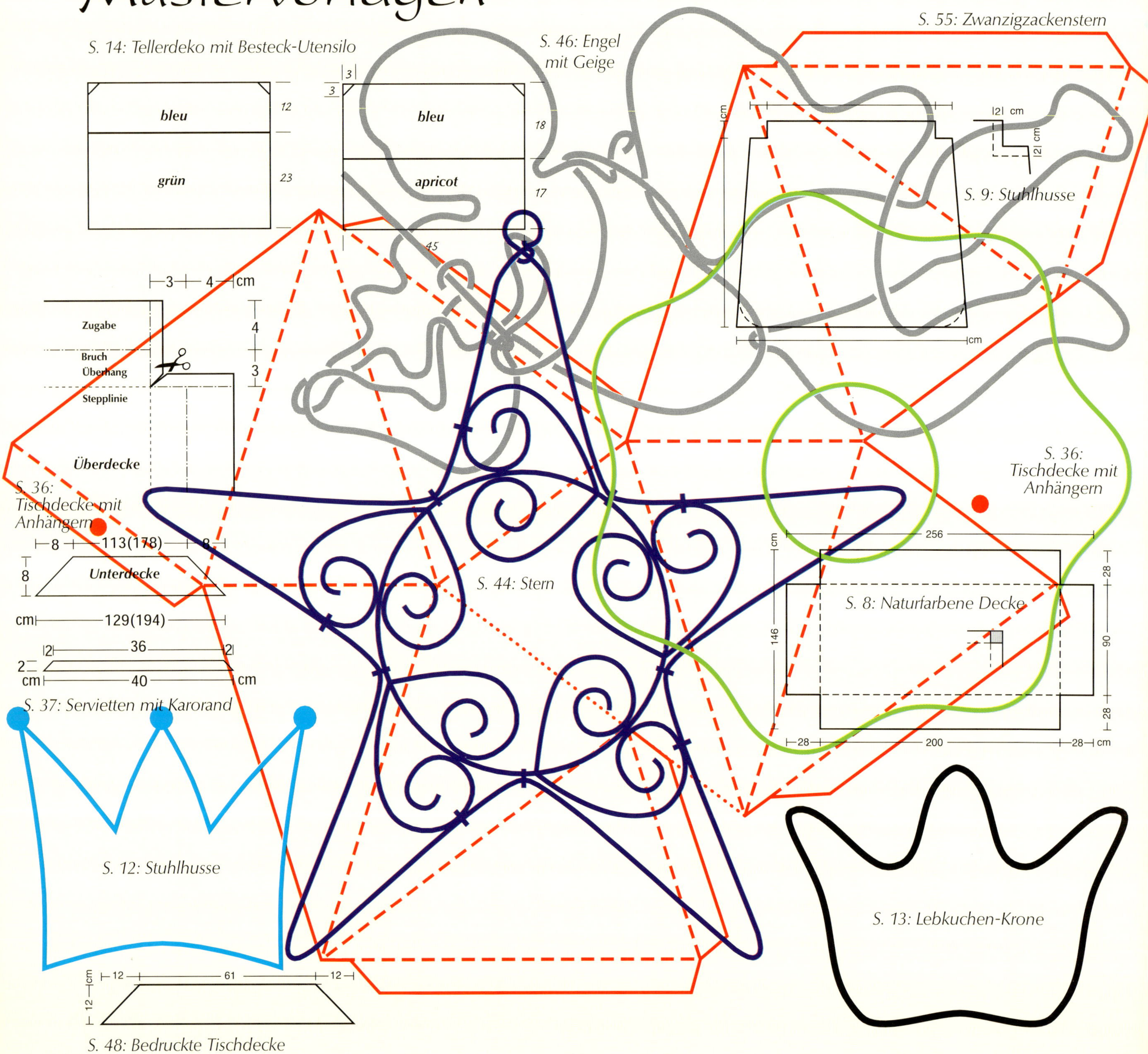

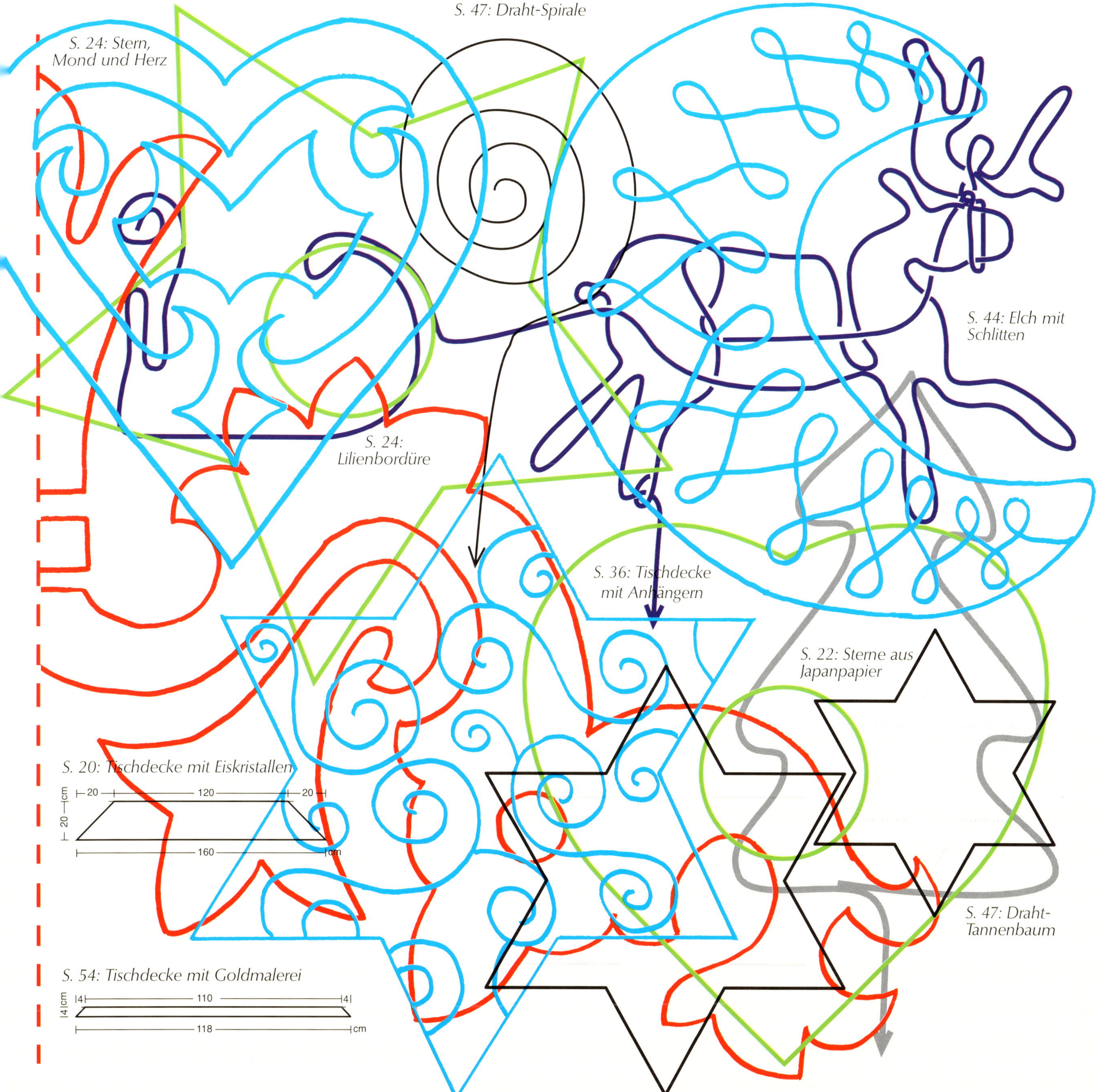
S. 47: Draht-Spirale
S. 24: Stern, Mond und Herz
S. 44: Elch mit Schlitten
S. 24: Lilienbordüre
S. 36: Tischdecke mit Anhängern
S. 22: Sterne aus Japanpapier
S. 20: Tischdecke mit Eiskristallen
20
120
20
cm
20
160
cm
S. 47: Draht-Tannenbaum
S. 54: Tischdecke mit Goldmalerei
4
110
4
cm
4
118
cm

Quellennachweise

Realisation & Styling:

Patricia Hansmann: Seite 6-9, 18-22, 31, 38, 52-55

Sibyll Mayer-Kuderer: Seite 10-17, 23, 28-30, 32/33, 40/41, 56-59

Elke Reith: Seite 24-27, 34-37, 39, 48-51

Realisation:

Martina Lammel: Seite 42-47

Styling:

Patricia Hansmann: Seite 42-47

Fotografie:

U Zwei Fotodesign Uwe Bick: Seite 6-9, 18-22, 24-27, 31, 38/39, 42-47, 52-54Seite

U Zwei Fotodesign Uli Glasemann: 10-17, 23, 28-30, 32/33, 34-37, 40/41, 48-51, 55, 56-59

Alle Rezeptfotos:
Sibyll Mayer-Kuderer/Uli Glasemann

Herstellernachweis:
Deko-Engel mit Goldkordel und Orangenquaste von Seite 28:

Guido E. W. Schwettmann, Postfach 110503, 28085 Bremen.

Impressum

Konzeption und Redaktion: Susanne Klar

Text: Heike Rech

Bearbeitung: Margret Seewald

Grafik und Layout: Carsten Schorn, Merzhausen i. Br.

Druck und Bindung: J. P. Himmer, Augsburg

ISBN 3-933813-23-9